早稲田社会学ブックレット

［現代社会学のトピックス　3］

濱口　晴彦　編著

自立と共生の社会学

―それでも生きる理由《わけ》

学　文　社

はじめに

ひとが生まれてはじめて味わう味は何ですかと問われて、「はてな」としばし答えあぐねたことをいま思い出している。その答えは「お母さんのおっぱいの味です」と知ったときの、「ああ、そうだった」という、なんともいえぬぬくもりのある安堵感を覚えている。もしも赤ちゃんのとき無心にまさぐったおっぱいの味が、あのほの甘い味わいでなく、辛味であったりすっぱい味だったら、ひとは心を開いてひとを受け入れる術を自然に体得し、人間になりおおせただろうか。甘味は、ひとにくつろぎと寛容という美質をもたらし、いうならば自立と共生への手引きをしている。

では、どういう手引きをしているのだろうか。実生活の場面に立ち入ってみると、ひとの世は共生を基礎にし、自立を目的として成り立っていると実感させられるはずだが、ことばの感触では、自立はすべすべしてスマート、共生はごわごわしてよそよそしい感じ。こうした異質の二つのことばを結びつけているのは、「感謝する」という人間特有の感情を、お母さんのほの甘いおっぱいと一緒に体内に取り入れた得難い追体験が基にあるからではないだろうか。

お母さんのおっぱいは、昔もそうであったように、今日も明日もほの甘い味なので、ひとは成長して人間となれる可能性とフロンティアをもっている。人間ということばは、そういうわけで自立と共生をはじめから備えている節があるけれども、自立と共生は赤ちゃんがお母さんのおっぱいを吸ってすくすく育つようには育たない節がある。ではどうすればよいのかという問題意識で、本書は編纂されている。

編　者

二〇〇九年一月

目次

第一章

自立と共生のかたちを構想する

一　おばあさん仮説

人間発達の歴史をたどっていくと、アフリカに生まれたひとりのおばあさんにたどり着くという進化生物学の仮説がある。ではなぜおばあさんなのかという疑問について、人間発達史に刻まれた幾重ものひだを読み解いていくと、次のようなイメージがじわじわと浮かび上がってくる。

ひとは樹上から地上へ移り住み、二足歩行をわがものとし、子どもを産み育て死んでいくことを一三万年もの昔から今日まで繰り返してきた。その歴史の発端には、孫の子育てを手伝う余裕のできたひとりのおばあさんがいたからこそ、働き手たちは野に山に、海に川に日々の糧を得るために出かけていくことができるようになっ

進化生物学

進化生物学の提供する人間についての知見は、生き物に対してもっている誤解や偏見、エセ科学的確信を反省的に考えるきっかけを与えてくれる。進化生物学は次のような前提にもとづいている。ヒトの心や行動を理解する上で進化理論が基本であること、この理論によるとヒトは他の生物に共通する進化の原理にもとづいていること、この仮説からヒトは適応的過程によってつくられている進化の所産であるということ。このような基本的見方にもとづいて、ヒトをはじめ生き物

たという考え方が、この仮説の背景にある。この仮説はロマンチックすぎるという印象を与えるけれども、なかなかの真実味をもっている。

人類発祥の地アフリカのある地域集団のなかで、ひとりのおばあさんが子育てのノウハウを発揮したゆえに、次つぎと地球上の寒暑乾湿さまざまな環境に適応して生き抜いてきたというおばあさんの事跡が人間発達史の一ページ目に登場するとは、現代において老若共同参画社会基本法制定を目指すものの背中を、はるかかなたから押してくれているようで興味深いエピソードである。

もうひとつのイメージは、ひとはひと以外の生き物には不可能な環境適応力をもっていたという事実である。この適応力は肉体的レベルでそうであったということとともに、ひとはひとりでは生きられないという平凡な社会的事実に支えられている。ひととひとが安定的に結びついていられるのは、ひとは感情を豊かにもてるようになり、社会的な環境に適応できるようになったからだという魅力的な考え方が提案されている。

ジョナサン・ターナー（二〇〇〇）は、最近発達めざましい進化生物学の知見を取り込み、人間社会の持続的発達に「原基感情」が強く介在していたという論旨を展開している。

五〇〇万年前ヒト科の系統が発達し始めたが、ネアンデルタール人をはじめ多く

のホモ属はその発達史から姿を消していった。ホモ・サピエンスのみが現代まで数えて一三万年の足跡を歴史に刻んできた。その生き残りの秘訣は何だったのだろうか。ターナーは、ホモ・サピエンスは「幸せ―満足」の感情をはじめ、「反感―恐れ」「不平―怒り」「失望―悲しみ」などの原基感情をコントロールできる集団的共生の規律をつくりあげ、それらを洗練することができたからではないかと仮定している。

　本来、弱い社会的結合の傾向をもち、自律的指向をもったひとの先祖たちが猿や類人猿の「群れ」の域を抜け出し、社会的な組織を維持しつづけるために、原基感情のレパートリーをじょじょに豊かにしていく戦略をとったと考えられる。この豊かな感情のレパートリーは社会的に構築され、世代間で引き継がれて社会化され、より安定的に機能するようになっていった。自尊心や友情、好奇心や冷笑、恥や罪などの感情は、集団の結合を維持するうえで有効な手段として社会的に構築された。この原基感情のリストに搭載されることばの一覧表を作るとすれば、おびただしい数の、通文化的であると同時にそれぞれの地域文化特有の原基感情の語彙をたくさん収集できるだろう。

　これらのことばは、ひととひとの日常の対面接触を補強することばであったり、ひととひとが直接接触しないならしないで、そのためにできるひととひとの接触の

を体系的に説明するのが進化生物学である。（長谷川寿一・長谷川真理子『進化と人間行動』東大出版会、二〇〇〇年参照）

老若共同参画社会基本法

　世の中は老若男女から作られている。男女については男女共同参画基本法（一九九九年）があり、性差別を是正する上で威力を発揮している。現代社会を考えるにあたり高齢化がらみの問題を勘定に入れないでは済ませられないのが常識である。そこで、「ア・世代による区分から生じる弊害を除去す

るために諸制度を整備する／イ．世代がもつ利点を生かせるよう制度を整備する／ウ．各世代の連帯や連携を円滑化するため制度の運用に一層の工夫をする」ことを趣旨とする老若共同参画基本法を総合的な基本法として制定することが提唱されている。（濱口晴彦「老若共同参画社会基本法を提案する」『生きがい研究』第9号、長寿社会開発センター、二〇〇三年参照）

空白や隙間をうめあわせてかかわりを持続するように機能する。原基感情とそれらを表すことばの取得は、性別、年齢、社会的役割地位ごとに、自立的にあるいは依存的に共生的な社会関係の持続的発達を円滑に進めるために必要不可欠な情報処理の社会制度化のベースにある。

　このようなことをいいたいのだ。喜びの感情を受け入れて合成された第一次的な混合としての友情、喜びと驚きの混合である第二次的感情としての歓喜、悲哀と怒りの第三次的感情としての敵意など、ひととひととのかかわりを引き出したりこれに反発しあったりして、社会的交わりを支え共生を安定するように配慮することなくして、ひとは曙の時代の重い帳を上げ今日まで生きつづけることはできなかった。このように、ひとは生存をかけて共生へ傾斜しているのだとすると、ひとは本来保守的な存在なのかもしれない。

　穏やかで和らいだ感情、安堵や感謝を表す例として、アメリカ原住民族ネズパース族が語り伝えている次のようなことばがある。「食べている子どもに語れば、親が去った後にもその記憶は残る」と。また別の原住民族のオマハ族は「ひとり子どもを育てるには、村中の努力が必要だ」という意味深いことばを残している。

　子どもが無心に食べている様子を傍らで見ている親たちは、自分たちのお腹の都合はさておいて、「満足―幸せ」の原基感情を抱いたことだろう。そういう感情経

図1　人間の生存にとって古くて新しい６つの領域

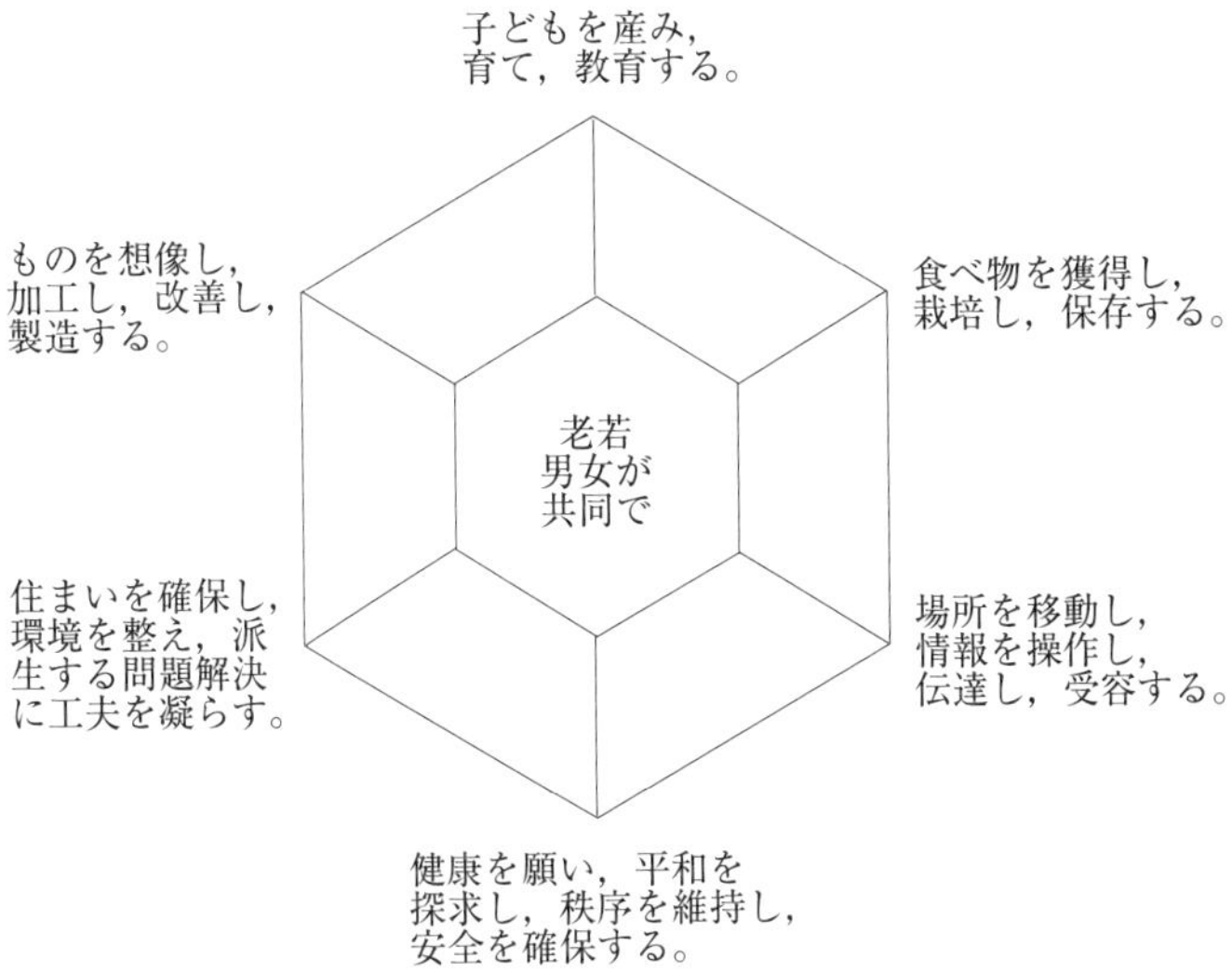
子どもを産み，
育て，教育する。
食べ物を獲得し，
栽培し，保存する。
場所を移動し，
情報を操作し，
伝達し，受容する。
健康を願い，平和を
探求し，秩序を維持し，
安全を確保する。
住まいを確保し，
環境を整え，派
生する問題解決
に工夫を凝らす。
ものを想像し，
加工し，改善し，
製造する。
老若
男女が
共同で

験は、後々までも、家族や村びとの共生の作法として受け継がれ伝承されてきた。食をめぐり、子育てのありかたにふれた伝承には、自立と共生を考えるのにふさわしい手がかりがある。

人びとはその昔から、共生を維持発達させる工夫を重ね、共生を生き延びる戦略の大切な一環とみなし追求してきた。この戦略を、ひとは地球上のいたるところに生活拠点をもつようになったことでも分かるように、二〇世紀の終わりごろまではおおむねうまく展開できた。この経験にもとづいて、生存戦略を展開してきた主要な分野を便宜的に図1のように六つに分けてみた。

おばあさん仮説は「子どもを生み、育だて、教育する」分野と強いかかわりをもっているけれども、この分野だけで完結するはずはない。生きることは当然、食べ物の確保、ものづくりとその改善、場所の移動、新旧の情報伝達、健康の確保、秩序の維持、安全の保持、住環境への配慮など、生き続けるために直接間接かかわりのある課題群を解決しなければならないから、他分野に重なりまたがっている。

ところで、生きるうえでの課題はいつの時代であれ次つぎに出てくる。課題や問題はそれらに押しつぶされそうなほど多いにもかかわらず、解決の方法は基本的には個人的に、目的に応じて組織をつくり集団的に、地域をあげて共同体的に、の三つの方法である。三つのうちのどれを軸にするかはその時の事情によるにしても、どの解決法が中心になり採用頻度が多いか少ないかは、後出の「成熟のプロセス」のステージを判断する材料になる。仮説のおばあさんがとった解決法はコンミュナル（地域共同体的）・プラス・インディヴィデュアル（個人的）な方法が主力であって、アソシエーショナル（目的別組織的）な解決法は未発達であっただろう。

自立と共生は六つの分野で絶えず試されてきた。現代の例では、少子高齢化問題、家族と福祉と孤立無援の問題、ジェンダーの問題、地球規模での資源や環境の問題などが、自立と共生の視点から六つの分野で俎上にあがっている。

二　古典的命題の視界

自立と共生の二元性は対人理論の究極のテーマである。共生は人間存在の根源に触れているからである。共生は自立に足場を提供しているゆえに自立の母であるとすれば、自立は共生の種子を内に宿しているゆえに共生の父である。共生を維持し存続するためにひとが発明したのが宗教であり、儀礼であり、法である。ひとことでいえば、規範にもとづくルールなくして共生はおぼつかない。

『感情の起源』の著者ターナーは「罪と恥は言語にほぼ匹敵するほどである。……もし恥と罪がなかったならば、社会統制は、他者が個人をいつも監視し、外部からの裁可に依存する以外に手だてはなかっただろう。……そうすることで個人は社会連帯を促進し、しかも集団からの離反という、否定的裁可のコストを回避しているのである」という。この考え方はエミール・デュルケムのそれと相似的である。ターナーは、デュルケムは「ずっと以前に社会生活のこの事実を認識していた」と、彼の業績に言及している。「社会生活のこの事実」とは、ひとは自立的になればなるほど共生的になるという自立と共生の二元性のことで、これこそはデュルケム社会学の最大関心事であった。

デュルケムは『社会分業論』(一八九三)の成り立ちに触れて、同書第一版序文で、

本書をあらわす機縁となった問題は、個人的人格と社会的連帯との関係の問題である。個人はますます自立的になりつつあるのに、いよいよ密接に社会に依存するようになるのは、いったいどうしてであるのか。個人は、なぜいよいよ個人的になると同時にますます連帯的になりうるのか。というのは、この二つの動きは矛盾しているようにみえて、実は平行してあいついでいるからである。これがわれわれのみずからに提起した問題である。われわれにとって、この表面上の二律背反を解決するように思われるのは、分業のたえざる顕著な発展による社会的連帯の変化である。これこそ、われわれが分業を研究対象とするにいたった理由である。

と述べている。そういうことなので、引用文中の社会的連帯と個人的人格を言い換えれば、共生と自立のことである。さらにいえば、社会的連帯は「全体は部分の総和以上のものである」し、個人的人格は「部分は全体を含む」というデュルケム社会学の輪郭を浮き彫りにしている二つの命題につながっていく。第一の命題は、学説史においてデュルケムという固有名詞を社会学という普遍性をになっている学

エミール・デュルケム
(一八五八-一九一七)
社会学的なものの考え方の輪郭を提起し、社会学の基礎を築いたフランスの社会学者。『社会分業論』のほかに、『社会学的方法の基準』(一八九五年)『自殺論』(一八九七年)『宗教生活の原初形態』(一九一二年)などの著作がある。デュルケムは一八九八年から一九一三年の間、『社会学年報』を編集し、社会的事実を「ものとして」考える実証的な社会学派を形成し、社会学に大きな影響をあたえた。(濱口晴彦『社会学者の肖像―甦るエミール・

デュルケム』勁草書房、一九八九年参照)

問にかぶせることの妥当性にかかわりがあり、第二のそれはこの社会学に今なお輝きを与えつづけている光源である。

実は、『社会分業論』はデュルケムがパリ大学に提出した博士論文である。ゆえに博士論文審査会であれこれ論議された。主要な論点のひとつは、この論文は経済論ではなく、道徳論だという指摘である。まさにそのとおりで、人びとの間に連帯感を創り出す道徳的効果こそが「分業の真の機能」だと考えるデュルケムと審査委員との間で厳しい応酬があった。今日、デュルケムの考え方が学術の分野で占める評価からすればすでに決着はついていることではあるが、この評価を現代社会の論争点としてもっともっと深める必要があると思う。

たとえば、デュルケムは「分業は諸社会の容積と密度に正比例して変化する。また、分業が社会の発展過程に即して継続的に進歩するとすれば、それは社会が規則正しく密度を大にしていくからであり、一般にその容積を増すからである」という。この記述を手がかりに、分業と社会関係、社会関係とその複雑性と弾力性、個人の自律性の増大と社会秩序の深化に、「自立と共生」がどのように絡んでいるのかを突き止めることは、そのひとつの試みではないだろうか。

デュケルムは連帯を機械的連帯と有機的連帯のふたつにわけ、前者は伝統的な社会の特徴であり、後者は近代化された社会の標識であると考えた。連帯についての

人口のS字型曲線
デュルケムの社会形態学は人口というマクロな情報をもとに社会変動を考察する基礎を提供した。D・リースマンは『孤独なる群集』（一九五〇年）で社会的性格を⑴伝統指向型、⑵内部指向型、⑶外部指向型に分類した。

表1　エミール・デュルケムの機械的連帯と有機的連帯のエッセンス

	機　　能	基　　本	個人間のつながり	集合意識	法 体 系
機械的連帯（伝統社会の特徴）	社会的統合（社会への個人の統合度大）	同質性—実践的価値や信念、儀礼の同質性	個人および個人の果たす機能の類似性	社会的責務や禁忌にもとづく強固な集合意識の存在	過失や犯罪を裁可する抑圧法
有機的連帯（近代社会の特徴）	社会的統合（個人の中への社会の取り込み）	多様性—価値や信念の相違、分業の結果としての相互依存	個人の遂行する機能の多様性、社会的紐帯の複合性、個人ごとの関心の相違	社会的責務の解釈拡大による集合意識の弱化と衰退	過失を償い、協力関係の促進を目的とする再構成法あるいは協力法

出所）Serge Paugam, *Repenser la Solidarité*, PUF, 2007, p.8

この考え方を機能、基本、ひととひとのつながり方、集合意識、法体系の項目を立て一覧できるようにしたのが表1である。

これを一覧すると、社会的統合をはかる条件は同質性から多様性へ傾斜し、個人が果たす機能の細分化が進み、集合意識が希薄化し、抑圧的規範から解釈的規範へ向かっている動静が分かる。こうした変化が自立と共生にいかなる作用を及ぼし、逆に自立と共生がこうした変化にどのように絡んでいるのだろうか。

⑴は人口増加率の低い社会、⑵は増加率が急上昇する社会、⑶は増加率がややゆるやかになる社会に対応する社会的性格である。この仮説は人口を独立変数にとり、社会的性格をはじめ、産業、職業、教育、老若男女、既婚未婚、逸脱行動など、さまざまな社会事象を従属変数にして解釈説明する論拠を提供している。人口増加の様子は、おおまかにSの字を押しつぶした形のカーブに似ているところから、一般に人口のS字型曲線といわれる。人口転換はこのS字型曲線の典型である。

三　共生を基礎に、自立を目的とする

同質性から多様性へ、属人的な社会的地位から機能的な社会的地位へ、専断的な意思決定から制度的分権化へ移行することなど一五項目を、社会の「成熟のプロセス」上の到達度を測るためその目安として選び、各項目ごとのステージ上の特記要素によってこの考え方を補強したのが表2である。ステージⅠⅡⅢは、多産多死から多産少死へ、さらに少産少死へむかう人口転換の考え方をベースに、いわゆる人口のS字型曲線のカーブを参考にして区分した。

ステージⅠは多産多死の時代で、食べ物を確保し、いかに生命を維持するかが優先されていただろうし、個人の才能を発揮する機会は少なかっただろう。ステージⅡは日本の場合、一九六〇年前後から始まる。経済成長のテンポに押されて生活の質が問われ、男女差別は糾弾され、一人ひとりの違いは肯定される雰囲気が濃くなった。ステージⅢはS字型曲線が下向きになる一九九〇年代に始まる。地球規模の視点で少子高齢化と環境をめぐる諸問題を考えないで何ひとつ対策を立てられないゆえに、創造的で挑戦的な時代である。

図上ではステージⅠからⅡ、さらにⅢへ入れ代わることになっているけれども、

不揃い・不連続統一体

まず、不揃い統一体について。一人ひとりは肉体的、精神的、社会的に違う。この違いは個性的な違いとして認められている。人権はこう

表2　成熟のプロセス

ステージ／項目	Ⅰ	Ⅱ	Ⅲ
人　　口	多産多死	高 齢 化	少子高齢化
社会形態	機械的連帯	不揃い統一体	不連続統一体
ライフスタイル	適者生残	男女共同参画	老若共同参画
成　　長	苦汗経済	経済成長	社会成長
福　　祉	慈恵社会	福祉社会	社会国家
法	刑　　法	社 会 法	市 民 法
経　　済	資本節約・労働集約	資本集約・労働節約	市場と脱市場
所得保障	恣意的恵与的保障	世帯単位の年金	個人単位の年金
利便・快適性	バリアー	バリアフリー	ユニバーサルデザイン
性・年齢規範	性・年齢差別	ジェンダーイコール	エイジイコール
生活感覚	生命の維持	生活の質	人生の質
家　　族	生殖家族	夫婦家族	友愛家族
社会的条件	身　　分	契　　約	エコロジカルエゴ
アイデンティティ	身土不二	農都不二	老若不二
意思決定	強力的専制	制度的参加	分権的参加

した相違を前提に成り立っている概念である。ゆえに、社会は不揃い統一体として安定的に成り立ちうる条件をもっている。次に、老若という世代の違いは出生の時間的な前後関係によって成り立っている。何をもって老若を識別するかは時代により、社会によって異なる。そこには世代間の対立や軋轢が生じる可能性があるけれども、このことを前提に人びとのつながりや連帯を工夫することなしに社会は存続しえないのも事実である。この事実にもとづく社会のあり方を不連続統一体という。

各ステージは次のステージへいっせいに移行するのではなく、現実には各ステージの項目ごとにでこぼこであり、場合によっては逆行しさえしている。共生の欠如が自立を阻んでいるケースと、自立の欠如が共生を危うくしているケースを取り上げてみよう。

限界集落は共生が欠如しているゆえに、自立がむずかしい事例である。限界集落とは、六〇歳以上のひとがその集落の人口の半数を超え、そのため集落の自治機能の遂行ができなくなり、地域社会の共同生活が維持困難になっている集落のことである。ステージⅢであるはずなのに、限界集落の住人は人生の質を思い描くことができないでいる。

自立の欠如が共生の根元をぐらつかせている例として貧困の問題がある。ワーキングプアが社会的関心の的になっている。働いても食べて住んで結婚できる条件を作り出せない貧困をステージ上で項目をたどっていくと、適者生残、生命の維持、バリアーと、ステージⅠに配置されている項目にたどり着く。このように推量していくと、現実のゆがみがくっきりと見えてくる。これが、小林多喜二が一九一九年に書いた『蟹工船』が今日、人びとの注目を集め、改めて読みつがれている背景なのである。精神的に肉体的に自立できないゆえに、共生がもろくおかしくなっている。

自立あるいは共生が欠けているゆえに生活困難に陥っている事例はほかにもある。自殺、いじめ、寝たきり、放置、家庭内暴力、セックスバイオレンス、孤独死などと数え上げていけば、自立・共生欠如リストはすぐにいっぱいになるだろう。

四 人生転換という転機の迎え方

自立と共生を、ここまでは社会構成を考える際の原則的な概念という視点からとらえてきた。この視点以外に、人生を生きるという立場から考えてみる必要がある。人生の「転換」とはどういうことだろうか。人口転換のことばは「成熟のプロセス」の人口構成の変化をさすことばとしてつかっているし、使われることの多いことばなのでおなじみであるが、人生転換となるとどうだろうか。このことばは、人生の転機となるような太い区切り、あるいは飛び越しがたい深い溝を意識させられる人生の岐路（たとえば義務教育の終了、大学入学・卒業、就職、失業、解雇、退職、大病、大災害、結婚、出産、離婚、死別、破産・倒産、子どもとの同居・別居、肉親間の利害対立、離反、親友との離別、ペットの行方不明・死亡など）で選択する、あるいはせざるを得ない人生行路の曲がり角の意識化をさすことばである。では、そのとき当人はどうするのだろうか。

表3は、なんでもありの人生行路を思い切って簡略化して、人生転換の特徴をとらえる試みである。Ⅰは新しい生命の誕生から幼児期あるいは高齢期の要介護、Ⅱは小学校高学年から中等教育期、Ⅲは高等教育期を含む就学就労期、年金生活、Ⅳは要介護、失業、浪人、パラサイトなどである。人生転換はⅠから始まり、Ⅱ、Ⅲ、Ⅳのいずれかの象限で終わる。想定できる平均的な人生転換のモデルとしてⅠ↓Ⅱ↓Ⅲ↓Ⅳが考えられる。Ⅰ↓Ⅱ↓Ⅳ↓Ⅲも考えられる。そのほかいくつものモデルも想定できるが、象限を移行する際に、その人の置かれている状況（健康、学歴、年齢、家族、経済力、資格、社会的信用、人間関係など）しだいで、手に入る獲得物の大小、支出するエネルギー量、支払わざるを得ない犠牲の種類などが違ってくる。

表3　人生転換

	自立的	依存的
非選択的	Ⅱ	Ⅰ
選 択 的	Ⅲ	Ⅳ

本書の各章は、人生転換の考え方からすると、非選択的依存的な生活を余儀なくされているケース、非選択的であるが自立的な生活を営んでいる場合、自立的で選択的であるゆえにある種の困難を抱え込んでいる事例などを取り上げている。

人間発達の歴史は、共生を基礎に自立を目的とする方向に多大なエネルギーを注いできた歴史である。その結果、人権や男女観、教育や行政、司法や家庭生活などにおける諸問題の解決にとって公平で公正な判断基準は、制度や個人的経験のなかに着実に蓄積されていて、それらは公的な場面でも私的な領分でも必要に応じて引き出されて活用されている。しかも、そういう活用を促し保障するインディヴィデュアル、アソシエーショナル、コンミュナルな努力を肯定し促進する世論が形成されているところに、現代の希望がある。

第二章

パーソナルな関係における自立と共生

一 私的な生活領域におけるパーソナルな関係

家族のような身近でなじみ深い人間関係における自立と共生について、この章ではじっくりと考えていこう。まず、家族とは常に複数のメンバーによって構成されるということを確認しておこう。一人では家族を構成することができないということは、家族という関係が、常に他者とともに生を営む共生的な性質をもつということを意味している。では、このような共生的関係としての家族において、それを構成する個々人の自立とはどのようなものだろうか。私たちは誰もがユニークな（唯一無二の）個人であり、自らの生を営む権利を有しているはずであるし、そうした私たち個人の自立の可能性や権利といったものは、誰からも尊重されてしかるべきものであるはずである。とすれば、共生的関係としての家族においても、個々人の自立というものが尊重されなくてはならないだろう。しかし、他方で、家族には自立しえないさまざまなメンバーを抱えた関係としての側面もあるはずだ。たとえば、子どもであれ障害者であれ高齢者であれ、自立しえない者の生の営みを引き受け、それに働きかけ、ともに生きるという側面にこそ、家族という関係の特徴があると考えたとしても、あながち的外れではないように思う。個々のメンバーによる自らの生の営みを尊重することと、ともに生きること。自立と共生というこの二つの問題を家族という関係との関わりにおいて考えてみよう。

私たちが生きるこの社会は、現在進行中の変化のただなかにあるのだけれど、それでも一般に近代といわれる社会のあり方の延長線上に位置づけることができる。この近代社会がもつ特徴はさまざまなやり方で表現することができるし、そもそも社会学という領域それ自体が、一九世紀の西欧において次第に輪郭をあらわにしていったこの近代社会なるものをどのように把握し、またそれがもつ問題点をいかに克服するかを考えるという挑戦をとおして形成されてきたということができるのだけれど、ここでは、私たちの生活領域に生じた公／私（public/private）の明確な分離という側面に注目して話を進めていくことにしよう。

近代社会とは家族に代表されるような私的な生活領域とそれ以外の公的な生活領

役割
時と場合に応じて期待される行動のあ

域が明確に区分された社会である。それ以前の社会においてはこうした家族とその外部領域との境界は未分化であいまいなものだったとされるのだが、近代社会が形成されてくるなかで、つまり近代化という社会の構造的変動が展開していくなかで、家族に代表されるような私的な生活領域が、それ以外の公的な生活領域から明確に切り離されていくことになった。そこに生きる私たちから見れば、たとえば、学校であれ職場であれ病院であれ娯楽施設であれ、家族の外部にある社会の公的な領域は、いわば生活の表舞台となり、逆に家族のような私的な領域は、その舞台裏となったと比喩的にいうこともできる。外に出るときは身なりにも気を使い、学校であれ職場であれ、私たちはそこにおいて求められる役割を演じる。学校では勉強しなくてはならないだろうし、職場ではまじめに働かなくてはならない。でも家に帰ればリラックスできる。だらだらすることもできるだろうし、いい加減な格好で一日を過ごすことも許されたりするだろう。

私的な生活領域がその外部から明確に区分されたということは、表現を換えるならば、個々の私生活にプライバシーが認められるようになったということでもある。家族のような生活領域は、外部の生活領域からは遮断され、それぞれの家族は自分たちの生活を自分たちだけのものとして私的に営むことが可能になったのである。

このように、公的な生活領域と私的な生活領域は私たちの生活の表と裏のような

り方をここでは役割とよんでいる。一定の役割を担い、そして演じることでわたしたちはその場その場に相応しい自己を演出することができる。もちろん、家族という場においても期待される役割がある。しかし、近代社会における私的な生活領域としての家族は、それを構成するメンバーたちがそれぞれの役割を担い合うことだけで成立しているわけではない。役割という社会的な行動パターンにおさまりきらない個々人に固有な人格と人格による関係として家族は営まれているはずだ。

関係にあるのだけれども、それぞれの生活領域における人間関係のあり方についてはどうであろうか。生活領域の公／私区分とは完全に重複するものではないのだけれど、たとえば、ルーマン（二〇〇五）は私たちが他者ととりもつ関係のあり方をインパーソナルな関係とパーソナルな関係とに区別するとともに、近代社会を「インパーソナルな関係の増大とパーナルな関係の深化」という点から特徴づけている。

現代社会は高度に複雑化しつつある。とりわけ、公的な生活領域はさまざまに専門分化している。だから私たちは、さまざまな生活領域に関わることになるわけであるし、それぞれの生活領域における他者と、それぞれさまざまな関わりをもつことになる。ここでいうインパーソナルな関係とは、極端にいえば、相手の個人的なことをまったく知らなくてもお互いにやりとりできるような合理的な関係である。コンビニでの買い物であれ、学校であれ、医者にかかるときであれ、そうしたときに私たちは、ユニークな生を営む一個人としてお互いに関係をとりもつというよりも、むしろそうしたことには立ち入ることなく、たとえば、店員と客、教員と学生、医者と患者等々といったようなそれぞれの生活領域ごとに自分たちに期待されている役割によって、たいていの場合、不自由なくやりとりができるはずだ。

それに対して、パーソナルな関係とは、そのような役割を通じた関係におさまりきらないユニークな個人と個人によってとりもたれる人格的な関係である。ルーマンによると、私たちにとってこうした関係は増大し複雑化しつつあるのではなく、より深まりつつあるのだという。インパーソナルな関係が複雑化し増大していくなかで、私たちは非人格的な関係にますます巻き込まれていくわけだけれど、公的な生活領域におけるいわば体面を重視した関係に巻き込まれていけばいくほど、その対極にあるパーソナルな人格的な関係の特徴が際立ってくるはずだ。ルーマンは「人と人との相互浸透」という概念で特徴づけられるこうしたパーソナルな関係を「親密な関係」とよんでいる。

ここまでのところを簡単に整理しておこう。近代社会の延長線上に位置づけることができる私たちの生きる社会においては、公／私の生活領域が明確に分離するとともに、インパーソナルな関係は増大しそしてパーソナルな関係はより一層深化しつつある。このことをふまえて、私的な生活領域における親密な関係のひとつとしての家族についてさらに考察を深めていこう。

二　親密な関係としての家族

親密な関係としての家族を考えるにあたって、手始めに夫婦というものについて考えてみよう。夫婦とはおもしろいもので、妻と夫によって構成されるこの関係は、そこに子どもが生じることによって母と父という関係となる。しかしだからといって、妻と夫というそもそもの関係が解消されるわけではないから、かれらは夫婦であると同時に子どもの親（父母）であるという二重の関係を形成することになる。この夫婦とその子どもから成る人間の集まりのことを私たちは家族とよんでいる。もちろん、家族とよばれる人びとの集まりにはもっと多様な人間関係の組み合わせが考えられうるし、また現実にも多様な家族が存在する。だがここでは話をややこしくしないために、この夫婦とその子どもから成る家族（一般に核家族とよばれる）に限定して話を進めていこう。

さて、子どもが生じることによって、この家族には少なくとも二種類の質的に異なった人間関係、それも二種類の人間によって構成される人間関係（ダイアドとよぶ）が形成される。夫婦と親子である。では家族を構成するこの二つの主要なダイアドの違いとは何だろうか。この二つの関係がもつ特徴について考えてみよう。夫婦とは、少なくともお互いに大人であるという意味において、自立した成人同士の間に形成される関係であろう。それに対して親子とは、少なくともその関係の初期の段階においては、自立しうる大人と自立しえない子どもとの間に形成される関係である。理想的にいえば夫婦は平等で対称的な関係であるのに対して、親子は本質的に不平等でありその関係は非対称的に序列化されている。たとえば、しつけにつ

核家族　G・P・マードックは『社会構造』（一九四九年）において、夫婦と未婚の子どもによって構成される家族を「核家族」とよび、それがどのような文化や社会においても家族・親族構造の基本的な単位であるとして核家族普遍説をとなえた。この核家族を分析のための単位とみなす考え方はその後、社会学の標準的な理論を構成することになる。日本では一九六〇年代に「核家族」の訳語はマスメディアを通じて広く社会的に浸透し、一九六七年には流行語のひとつともなっ

た。

いて考えてみるとよいだろう。親子のあいだでのしつけとは、あくまで親が子に対して行うことがらであって、ふつう逆はないはずだ。

さらに、夫婦関係の特徴として、性愛（わかりにくければ性行為と読み替えてもよい）の存在をあげることもできるだろう。夫婦とは二人の大人が性愛を媒介として形成している関係と言い換えることもできるだろう。では、親子関係は何によって媒介されているのだろうか。血縁をはじめとしてさまざまなものをあげることができるが、ここでは自立しえない子どもの親への依存、見方を変えれば親の子どもへのケアの存在に着目したい。

夫婦における性愛と親子におけるケアというこの二つは、複数の人間によって構成される家族という関係を媒介するものといえるが、それは社会学の家族理論においても長らく家族の基本的機能とよばれてきたものにほぼ相当する。その代表的なもののひとつとして、パーソンズ（一九八一）の家族理論を紹介しておこう。そこでは、近代社会における家族は「成人の情緒安定化」と「子どもの社会化」という二つの社会的に期待される機能を果たす集団として位置づけられている。さらに彼は、この二つの機能は、家族にしか果たしえない専門的な機能と考えた。裏を返せば、これら二つの機能を果たしていることが、家族が家族であるための本質的な要件とみなされたわけである。

ダイアド

二人の人間によって構成される関係をダイアドとよぶ。それに対して、三人の人間によって構成される関係をトライアドとよぶ。本文中でもとりあげた夫婦や親子は通常ダイアドであるが、同じ家族でもたとえば、父・母・子という三者間の関係に着目するならばそれはトライアドである。ダイアドは個人と個人の直接的な関係であるが、トライアドは個人を超えたところに成立する。たとえば、トライアドとしての家族において、子から見たとき、父子および母子という関係は直接的であるが、夫婦（父母）という関係は直接関わることのできないものとなる。

性愛

ここでは広くセクシュアリティの意味で用いている。社会的・文化的に形成される性をめぐっては主として男女の役割の違いに着目するジェンダーという概念があるが、それに対してセクシュアリティは性に関わる欲望に着目する概念である。

ケアを必要とする子どもの出生に対して、それにつながる性愛はふつう時間的に先行する。よりわかりやすくいうならば、男女間の性愛関係のひとつの帰結として、出生とそれにつづく子どものケアが発生する。はじめに親子ありきではなく、まず夫婦があってその後に親子という関係が派生してくるということだ。近代社会における家族は、それがときに夫婦家族とよばれることから推察することができるように、親子関係に先行する夫婦関係を第一義的なものとして成立する。そのような考え方が支配的であった。別の言い方をするならば、家族という関係を媒介するものとしては、ケアよりもまずもって性愛に着目するということである。この性愛に媒介されたこの夫婦関係は、二人の自立した成人によって構成されうる選択的な共生的関係である。その意味で家族は原理的には、平等主義的で民主的な関係性として成立することになるかのようにみえる。この点をもう少し掘り下げて考えてみよう。

三　公／私の区分と依存の私事化

ファインマン（二〇〇三）は、性愛によって媒介された夫婦を中心として構成されるものとみなされているこのような近代社会における家族を「性的家族」とよんでいる。この「性的家族」とは、ここまでの議論で私たちが考察してきたような、近代社会における平等主義的で民主的なものにみえる家族にほぼ相当するのであるが、彼女はこうした家族のあり方に対して批判的なまなざしを向けている。

彼女によれば、家族とはなによりも依存によって媒介される関係である。とりわけケアを必要とする子どもの親への依存を彼女は重視している。それは、ほうっておかれると生命の危険が生じかねないような者が要する依存であり、それを彼女は「必然的な依存」とよんでいる。近代社会において、そうした「必然的な依存」を要する者の典型としての子どもは、家族においてケアされるのが当然であるとみなされている。そのため家族、より具体的には夫婦（両親）のうちの誰かが子どものケアを担うことになる。この章では詳しくとりあげることはしないが、近代社会は公／私の区分に加えて、ジェンダー化された社会である（第四章参照）。公／私の区分の上に性別による区分が重ねあわされているがゆえに、男女がそれぞれの領域に応じて配置されることが当然視される場合、つまり、典型的には男が働き女が家事育児を担うことがなかば当然のこととみなされる場合、子どもの「必然的な依存」に応じるのはその母親となるだろう。

このように依存は家族のような私的な生活領域や関係に割り当てられ「私事化」しているのであるが、このことは、一方ではケアという負担を社会の表舞台からは排して、家族という私的な舞台裏におしつけることを意味している。近代社会における公的な生活領域は、ややおおざっぱにいってしまえば自立した成人のための空間である。それゆえに、依存者とそれに応じるケアの担い手は私的な生活領域に囲い込まれる。他方でこの「依存の私事化」は、家族にケアを媒介として形成される関係としての位置づけを与えることにもなる。ケアという活動を媒介として、家族という関係が文字通り成し遂げられていくのである。それぞれの家族が私的にそれぞれのケアを担うこと、それによってそれぞれの家族が家族として維持されるわけであるが、同時に、依存に対する公的な対処は不要となる。一見すると理にかなった仕組みであるようにも思えるかもしれないが、やっかいなのは、この「必然的な依存」に応じる、つまりケアを担う者は、それを担うがゆえにそれ以外のことを行うことが難しくなるということであろう。育児に追われて自分の時間がもてない、ましてや仕事につくといったことなどは望むべくもないといった問題は想像に難くないだろう。

性愛を媒介として形成される平等主義的な関係としての夫婦と、そうした夫婦を基礎として成立する家族という考え方は、社会のなかで決してないがしろにすることができない「必然的な依存」を、家族という私的でパーソナルな関係が引き受けることによって派生的に生じるこうした「二次的な依存」の問題を見えにくくしてしまう。とりわけ女性（妻、母親）の経済的な自立の困難性と、それゆえに生じる男性（夫、父親）への経済的な依存という問題は、この夫婦関係をもはや手放しで平等主義的で民主的な関係とよぶことをためらわせるものではないだろうか。

家族のようなパーソナルな関係を考える上で、夫婦関係を第一義的なものとみなすことは、自立せざる者（必然的な依存者）の存在のみならず、それをケアする者がおかれる自立の困難性（二次的な依存）を見えにくくしてしまう。こうした問題のそもそもの源泉は、不均衡にジェンダー化された夫婦を、性愛を媒介とした対称的な関係ととらえるところにあるのかもしれない。そもそも近代社会における夫婦は平等主義的な関係ではないのかもしれないということだ。こうした現状をふまえた上でのファインマンの提案は極めてラディカルだ。家族のような親密な関係を考える上で、これまでのような性愛に媒介された夫婦を基礎として派生的に生じる親子といった核家族のイメージを放棄して、純粋に依存とそれに応じるケアを媒介とした関係、その象徴としての「母子」を基礎とすることを彼女は提案している。性愛ではなくケアに、夫婦ではなく親子に着目するという提案である。

四　媒介するのは性愛か、あるいは依存／ケアか

社会学における親密な関係（あるいは親密圏、親密性を特徴とする関係など）へ

の着目は、その多くが、近代社会における従来の家族とは異なる多様な生活様式のあり方を考えるという関心のもとで展開されてきた。いうなればそれはオルタナティブを示すことで、家族という概念によって特権化されてきた私たちがとりもつパーソナルな関係に対して反省的なまなざしを向けるきっかけとなってきた。家族に代わって親密な関係という概念を用いることで、たとえば、同性愛の家族であれ、事実婚の家族であれ、いわゆる核家族であれ、それらを価値的に貴賤なくとりあつかうことが可能になるとともに、形の上では家族や夫婦であっても、その実、親密な関係とはよべないようなケースについても、これまでとは異なるやり方でとりあつかうことが可能になった。DVや虐待といった問題を、単なる私事とみなすのではなく、社会的に対処すべき問題としてとらえることが可能となった背景にもこうした認識の転換がある。

しかしながら、多くの場合、親密な関係として着目され考察の対象とされるのは自立した成人間の関係であり、家族に関していえば、そうした関心の矛先は夫婦へと向かっていったのである。もちろんそれなりの理由はある。たとえば、ギデンズ（二〇〇五）は、性愛の近代化とでもいうべき状況のもとで、すなわち、生殖のコントロールが現実的に可能になることによって、子どもをもつことの有無やその人数を主体的に選ぶことが可能となるとともに、生殖を目的としない性愛というものが一般的なものとなるという状況のもとで、夫婦という関係のあり方がよりいっそう当人同士の積極的かつ意識的な働きかけによって選択的に形成されるようになってきたことを論じている。このような親密な関係における再帰性の高まりは、当の関係がより純粋なもの、すなわちそれ以外の目的によるものではなく、当の関係のための関係になってきたということを意味している。すでに言及したルーマンも、「パーソナルな関係の深まり」や「人と人との相互浸透」といった傾向や性質に着目することで、これと同じような立場から「親密な関係」を論じているのであるが、そこで想定されているのはやはり同じように夫婦に代表される成人間の関係である。

こうした指摘はそれ自体としては適切なものであろう。しかしながら、家族という人間関係を考える上では、おそらく十分とはいえない。近代社会という社会の延長線上を生きる私たちにとって、おそらく家族は選択しきれないものとして存在してしまっているのではないか。その関係自体が当人同士によって自由に選択可能なものとして家族というものを想像することは、おそらく多くの人びとにとって難しいのではないか。それを「母子」というメタファーによって表現することの是非はさておき、依存／ケアを媒介として形成される関係としての家族という視点は、現実に営まれている家族という関係や生活をかえりみるならば、決してないがしろにはできない視点であろう。自立しえない者に対するケアを媒介として形成される関係としての家族という視点である。

私たちは誰でもが、その一生において「必然的な依存」という状態におかれうる。子どもの頃はもちろんのこと、病気やけがによってそのような状態におかれることもあるだろう。また、加齢による老いと衰えによって、私たちは人生の後半においてそうした依存を要する者ともなりうる。これまで夫婦を自立した大人の関係として考察してきたが、たとえば、高齢期の夫婦を考えてみればわかるように、その関係にも依存／ケアの必要が生じる可能性があることがわかる。

五　家族の可能性

ここまで、自立しえない者の依存とそれに応じるケアいう観点から家族を考えるというアイデアについて検討してきた。しかしながら、私たちが考えなくてはならない問題は山積している。たとえばそれは、依存／ケアを媒介として構成される家族における自立、あるいはそうした家族からの自立という問題である。家族はそのメンバー個々人の自立をはばむものなのであろうか。性愛に媒介された夫婦における自立した個々人とは異なるような意味での自立を、家族という関係において考えることはできないものだろうか。このことは言い換えれば、依存／ケアを超えたところに家族という関係を見いだすことの可能性を考えるということでもある。

育児や介護に関する福祉的支援のようなケアの社会化について考えてみればわかるように、私事化されてきた依存が現代社会においては社会化（その意味で脱私事化ともよべる）されつつある。このケアの社会化は、ケアされる者（必然的な依存者）にとっては、家族という関係からの自立の可能性を含意するものであろう。また それは、家族としてケアを担うがゆえに二次的な依存という状態におかれる者にとっても、自立の可能性を含意するものである。ただし、これらの自立は、家族における自立であるというよりも、家族からの自立であるといった方が適切であろう。ケアの社会化は、家族という関係がある種の選択肢になりつつあることのあらわれといえるのかもしれない。しかしながら、そのことは、私たちの社会における家族という関係のあり方それ自体の選択性の高まりには必ずしも結びついていないのではないか。依存／ケアを社会化することは、個々人の自立を促しうるものであるが、そうした個々人がとりもつ家族という関係にとっては、重要な媒介項を喪失するというネガティブな意味をもちうることでもあるということだ。ケアを手放すということと同時に自らの関係を家族として成り立たせていくこと。はたしてそれはいかにして可能なのか。現代社会において家族が何らかの変化を経験しているとするならば、それは、自立しえない者に対するケアを媒介としながらも、同時に、そうした依存者の自立の可能性を模索するという、そのような事態との関わりにおいて生じつつある変化なのではないだろうか。

第三章

「正規雇用—非正規雇用」を超えて

一　正規雇用—非正規雇用とは何か

この章では、正規雇用と非正規雇用という枠組みの考察をとおして、労働における自立と共生の手がかりを見出していく。非正規雇用はもともとは女性と高年齢層に顕著だったことからわかるとおり、個人の生得的な属性にからむ問題をはらんでいて、本書のうち性別と年齢を取り上げた部分の内容に結びついている。この意味で、正規雇用と非正規雇用は、たんに数年来マスメディアの注目を集めている問題現象にとどまらない。

そこで正規雇用と非正規雇用の問題性をあらためて認識する必要がある。そのために、まず正規雇用と非正規雇用とは何かを確認しておく。ところが何が正規雇用と非正規雇用なのかは意外なことに明確ではない。

役員を除く雇用期間にもとづく区分（「従業上の地位」の下位区分）では、「臨時雇」「日雇」に対して、一年を超える期間または期間を定めずに雇われている場合が「一般常雇」とされている。一方、勤務先での呼称にもとづく区分（「雇用形態」の区分）では、「パート」「アルバイト」「労働者派遣事業所の派遣社員」「契約社員・嘱託」「その他」以外が「正規の職員・従業員」とされている（以上、総務省「労働力調査」）。つまり「正規の職員・従業員」でなくても、一年を超える雇用期間であれば「一般常雇」に含まれるのである。勤務先の呼称にもとづく区分のほうが、職務や労働条件などの実態を反映しやすいため、この章では「正規の職員・従業員」を正規雇用として扱い、これ以外の雇用形態を非正規雇用として扱うことにする。

雇用　一般的には労働者が雇われていること

二　非正規雇用の問題性

それではなぜ非正規雇用が、近年になってとくに注目を集めているのであろうか。非正規雇用の労働者数が増加し、その割合が高まってきたことが最大の要因であろう。ちなみに一九八五年に比べて二〇〇五年は非正規雇用の割合がほぼ二倍になり、を指すが、労働の観点からすると、工場、店舗、農地など収入をもたらす資産を所有していないため、雇われて働く立場にあることを意味する。これは、経営者による人事管理の対象となること、経営体（企業）組織の一員として振る舞うよう要求されることも意味する。

とくに一九九〇年代半ばから割合の増大がいちじるしい（総務省「労働力調査（特別調査または詳細結果）」）。しかし一九八五年においても、労働者の六人に一人は非正規雇用だったのである。高度経済成長の頃でさえ、製造業の大手企業では臨時工、季節工、社外工などの労働者が生産現場を担っていたし、八〇年代・九〇年代でも、主婦パートや学生アルバイトが小売やサービスの職場を支えている企業が、すでに多くの人びとに知られていた。

そこで非正規雇用への注目をもう少し詳細にみると、さまざまな雇用法制を市場原理の貫徹に向けて根本的に変えたい経営者団体の意向だけでなく、労働者派遣会社に対する不信および非正規雇用の若年者に対する危惧という人びとの意識傾向と、非正規雇用の劣った労働条件という実態が、その背景として考えられるのである。

労働者派遣会社については、能力開発のための研修に力を入れている会社もあるとはいえ、労働者から賃金を「ピンハネ」するという負のイメージを払拭することは難しい。「派遣社員」は労働者総数の約二パーセントにすぎないが、口コミやインターネットにおいて労働者派遣会社の噂や評判が飛び交っていることからわかるとおり、非正規雇用の諸形態のなかでも、その負のイメージゆえに注目の的になっている。

若年者については「フリーター」や「ニート」に限定できないほど非正規雇用が

日本的雇用慣行

日本の大企業を中心にみられた終身雇用、年功賃金、年功昇進、企業内福利厚生、企業別労働組合などを特徴とする雇用の慣行。企業は労働者の生活を保障し、労働者は企業に対して忠誠心を抱く構図になりやすい。

浸透しており、とくに男性の若年者でこの傾向が明らかである。「フリーター」や「ニート」の能力・適性や人生観に対する危惧がマスメディアによって増幅されてきたうえに、劣った労働条件で働くさまざまな非正規雇用の若年者が増加してきた動態が重なって、非正規雇用に対する深刻な認識が人びとの間に根づいている。

しかし、非正規雇用の若年者に対する注目には、かつて日本的雇用慣行に内在していた個人の生得的な属性に対する固定観念が変わらずに作用している。すなわち、日本的雇用慣行の名残のなかで、女性と高年齢者は非正規雇用の割合がもともと顕著に高かった。子育て一段落後の女性と定年退職後の男性は、正規雇用の再就職先がほとんどない実態だった。このような雇用の構造のなかで「壮中年女性と高年齢者は非正規雇用で当然」という認識は人びとに定着していた。壮中年女性と高年齢者については非正規雇用を自明視していたからこそ、若年者に非正規雇用が浸透したことが、人びとにとってある種の驚きだったわけである。「本来、学校を卒業した若者は正規雇用のはずだが……」という困惑である。問われるべきは、私たちのこのような固定観念かもしれない。

前述したとおり非正規雇用が注目を集めている最大の要因は、もちろん非正規雇用の労働者数が増加し、その割合が高まってきたことである。今日非正規雇用の労働者は身近すぎるほどの存在になっている。

それでは、企業においても社会全体においても、なぜ非正規雇用が重みを増してきたのであろうか。それは、非正規雇用を意図的に導入する論理、あるいは非正規雇用を選ばざるをえない構造が、日本の企業と社会に存在しているからである。

企業にとって、おもに新規学校卒業者を正規雇用で採用し、社内で育成しつつ活用・処遇し、定年まで雇用する、という従来からの人事管理の枠組みは、人件費を節減するという最重要課題を前にしてほぼ崩れたといえる。つまり、正規の従業員を補うために非正規雇用を導入する雇用戦略は衰退しつつあり、核になる人材は正規雇用だがそれ以外は非正規雇用を活用する雇用戦略へと移行しつつある。人件費の安い非正規雇用を積極的に導入し、正規雇用の従業員と非正規雇用の従業員とを使い分けることによって、企業間競争を乗り切ろうとするわけである。

「有能な人材を企業は非正規のままにしておかない」という発言を経営者からしばしば聞くが、人件費圧縮のために非正規雇用を不可欠とする論理は変わらない。もちろん、非正規雇用の積極的な導入をもって、経営者個人の「無慈悲な態度」とみなすべきではない。通常の経営者であれば、市場原理至上主義の構造に組み込まれ、非正規雇用をもって人件費の節減を図ろうとすることは必然である。

このような企業の論理と社会の構造のもとで、「非正規の仕事にしか就職できなかった」「非正規は不利だ」「将来が不安だ」「正規の仕事に転職したい」という非正規労働者の声は否定しがたい重みをもっている。周知のとおり、正規労働者に比べて非正規労働者の不満や失望は全体的に強い。たとえば正規労働者に比べて非正規労働者の不満がもっとも強い点は、雇用の不安定さである（労働政策研究・研修機構「多様化する就業形態の下での人事戦略と労働者の意識に関する調査（従業員調査）」二〇〇五年））。

一方で、「自分の時間がほしいから、アルバイトの仕事を繰り返す」「社内の人事異動で嫌な仕事をするくらいなら、派遣社員で資格を生かせる仕事だけするほうがよい」という若年者もいる。しかし前述したとおり、非正規雇用は若年者に限らず、正規雇用か非正規雇用かを選択できる状況にない壮中年女性と高年齢者にもともと多い働き方である。確かに、「家事があるので短時間働きたい」という壮中年女性も、「週三日程度働きたい」という高年齢者もいる。しかし短時間勤務だから不利な条件で当然とは、本来いえないなずである。しかもフルタイマー並みに長時間働くパートタイマーでも、非正規雇用として劣った労働条件を強いられているのが実態である。

非正規雇用が重みを増している現在の状況において、そもそも何が問題なのであろうか。正規雇用と非正規雇用との労働条件の差異であろうか。確かに正規雇用に比べて非正規雇用は平均的にみて労働条件が劣っている。同等水準の職務であって

身　分

非正規雇用は、正規雇用と同等の職務を遂行しても、その雇用形態ゆえに不利に扱われ、しかも正規雇用に転じることが容易ではない。すなわち、本人の能力や達成ではなく、運命的な地位のように機能しているため、封建社会の身分にたとえるのである。

も劣った処遇である。あるいは、正規雇用と非正規雇用という雇用形態の相違自体が問題なのであろうか。これについては人びとの間で認識が大きく分かれ、非正規雇用は企業にとっても労働者にとっても必要不可欠だという見解がある。

本書のテーマにそくしていえば、劣悪な労働条件の非正規雇用であれば、生涯をとおしての自立どころか、日々の生活の自立さえも危うい。正規雇用に転じればよいではないかという意見があるが、非正規雇用をある程度継続または反復すると、正規雇用へ転じることは容易ではないのが実状である。転職の際に新卒者に準じて扱われる年齢を過ぎていれば、企業は即戦力になる正規従業員を求めるが、非正規雇用の経歴では即戦力となるべき能力・経験を十分には積めない。こうなれば悪循環に陥る。

すなわち非正規雇用は、当人の将来にわたって不利が構造化した一種の「身分」なのである。非正規雇用であるゆえに、賃金、雇用の安定性、社会保険の適用、キャリア形成などのさまざまな不利から容易には脱却できない。「身分」である以上、そこには差別・被差別的なまなざしがつきまとう。「好きで非正規を選んだのでしょう」「非正規は気楽だから待遇が悪くて当然」という一部の正規労働者の冷やかな視線に対して、非正規労働者は負い目、反発と同時に、羨望と諦めも抱きがちである。

一方、職場では、通常外の判断がともなうような仕事は、無難に処理しようとするため、正規従業員が担当することが慣行である。それゆえ、社内で非正規従業員の割合が高まれば、正規従業員には面倒な仕事が増える。正規従業員はいっそう仕事に忙殺され、「非正規が増えたせいで、かえって忙しくなった」という感情を抱きがちになる。正規従業員といえども恵まれた条件で働いているのではなく、特権的な「身分」ではない。

正規労働者と非正規労働者とのこのような関係性は、正規雇用―非正規雇用の仕組みに内在する社会的分断とエゴイズムを露呈させている。職場での協働や社会での統合という最低限の共生さえ脅かしている。そこで、相異なる個人どうしが支え合い、分かち合うという、あらゆる社会を成り立たせている共同性の本質を、正規雇用―非正規雇用の仕組みに対して、どうすれば形成できるかを問う必要がある。また、この仕組みに対して、個人の尊厳として、どうすれば日々の生活の自立にとどまらず、生涯をとおした自立を実現できるかを問う必要がある。その手がかりはどこにあるのだろうか。

三　正規雇用―非正規雇用を超える働き方

(1)　同一価値労働同一賃金

まず、雇用労働における均等処遇を実現することによって、非正規雇用に内在する構造化した不利を解消する方法を取り上げる。この方法は、正規雇用と非正規雇用という区別自体を廃絶することではないが、両者の間にある一種の「身分」的な相違の核の部分を除去することに当たる。賃金は処遇の基本であるから、賃金のあり方を根本的に変えることは、正規雇用―非正規雇用という関係性を揺るがすことになる。

この方法の基底にある考え方は、同一価値労働同一賃金の原則である。これはコンパラブル・ワース（comparable worth）またはペイ・イクィティ（pay equity）ともいい、労働者の性、年齢、国籍、社会的身分、民族、宗教などによって賃金差別してはならないことを基礎として、「同一の仕事、つまり職務ないし職種が等しい質・量をもつ労働、または同等の価値をもつ労働に対しては、同一の基準によって賃金を決定しなければならない」という考え方である。

近代化を経た社会なら、この考え方は当然のことと思われるであろう。確かに労働者の個人属性などにかかわらず、同一労働については同一賃金を保障することが、とくに公務員では厳格に行われていた。しかしあくまで同一労働に同一賃金を保障するのであって、同一価値労働に同一賃金を保障するものではなかった。

これは、次のような人事管理方式が均等待遇原則からはずれることを見逃すのである。すなわち、実際には同等水準の職務を遂行する労働者であっても、正規従業員は正規用の職位に配置し、非正規従業員は非正規用の職位に配置することによって、職位が異なっている、つまり同一労働ではないという論理を用い、賃金が異なることを正当化する方式である。人員の配置は労働者本人ではなく企業の裁量によって決定されるため、劣った賃金の職位に配置された非正規労働者は、甘受するしかないのである。とくに正規雇用を選べる状況にない壮中年女性と高年齢者は、劣った賃金の非正規用の職位に配置されていても、高い水準の職務内容を果たして働いている場合がみられる。

以上のような実態が少なからずあるからこそ、同一労働ではなくても、同一価値をもった労働には同一賃金を保障する原則が求められるわけである。しかしながらこの原則を矛盾なく適用するには、職務給という賃金体系が必要になる。雇用形態ではなく、遂行する職務自体にもとづいて賃金が決まる仕組みがあれば、どの職位とどの職位が同一価値をもった労働に当たるかを確定できるからである。また職務

職能給、職務給
労働者の職務遂行能力の格付けにもとづく賃金が職能給であり、業務全体における担当職務の評価・位置づけにもとづく賃金が職務給である。実際には、職能給は年功賃金と職務給との折衷形態として現れる。

給である以上、職位ごとに職務の範囲、評価基準などを明確化するとともに、職務を明確化して募集・採用すること、換言すれば担当する職務は労働者本人が選択する仕組みを築くことも必要になる。これは、担当する職務を決めず、採用してから配置する従来からの一般的な人事管理の慣行とは大きく異なっている。

従来の年功賃金から職能給へ、さらに、人事管理の根本的な変革をともなうとはいえ、今後はこのような職務給へ賃金体系が変化することも考えられる。しかし正規雇用と同一賃金なら非正規雇用のメリットは、企業にとっては大幅に低下する。したがって、同一価値労働同一賃金の原則が実際に適用される場合、企業は正規従業員と非正規従業員の職務を厳密に区別し、非正規従業員は定型的・補助的な職務だけを担当するように、社内の職務全体を再編成するのではなかろうか。

(2)　オランダ・モデル

同一価値労働同一賃金とは異なる包括的な方法がある。それは、オランダにおいて、労働だけでなく生活全般のあり方を改めるため、政労使三者間で合意した取り組みである。たんなる方法にとどまらず、独自のあるべき社会像・生活像の実現を追求しているゆえに、一般にオランダ・モデルとよばれる。

オランダ・モデルのもとで、同一価値労働同一賃金はもちろんのこと、社会保険を含む均等な処遇をパートタイム労働者に保障することによって、労働者のパートタイム化を推進している。パートタイムいっても非正規雇用ではなくパーマネントの正規雇用である。したがって「パートタイム正社員」が広範に存在している。パートタイム化は、それまでフルタイムを前提としていた労働時間を短縮するとともに、フルタイムでは働けない主婦たちの就業を促し、これによって社会全体の経済的総生産を確保するとともに、家事・育児・介護をはじめとする生活時間を確保することが可能になる。

夫婦に当てはめれば、夫がフルタイム就業で妻が専業主婦という形（一＋〇）でもなく、夫婦ともにフルタイム就業という形（一＋一）でもなく、夫婦ともにパートタイム就業という形（理想的には〇・七五＋〇・七五）を追求している。これは「一・五稼ぎ」または「コンビネーション・シナリオ」とよばれている。

雇用の種別は週間労働時間の長短にもとづいて決められ、フルタイム以外に、「大パートタイム」「ハーフタイム」「短時間パートタイム」という相違がある。相違といっても、労働時間の長さが異なるだけの均等処遇であり、パーマネントの正規雇用であることに変わりはない。どの種別を選ぶか、つまりどの程度働くかは労働者が選択する。労働者が就業について時間調整権をもつのである。パーマネントの雇用ではなく派遣労働などの「フレキシブル労働」も一部あるが、基本的にオラ

ワーク・ライフ・バランス

職業労働とそれ以外の生活とのバランスをとるイギリス発祥の施策。アメリカ発祥の「ファミリー・フレンドリー」を包摂する概念である。職業と家庭生活との両立が焦点となるため、労働時間短縮と育児・介護休業などの取得が重視されるが、それに限定されない。

ンダ・モデルは正規雇用―非正規雇用という相違自体を消失させる機能を果たしている。

オランダ・モデルは労働時間短縮によって新たな雇用を創出する面があるため、方法としてはワークシェアリング（労働の分かち合い）と一部重なっている。しかし正規労働者の労働時間短縮によって、不利な条件の非正規雇用を大量に創出し、失業率を低下させるというワークシェアリング、つまり雇用における市場原理の徹底による失業対策とは、根底の考え方が異なっている。オランダ・モデルにみられるワークシェアリングは、男女がともに就業するだけでなく、家事・育児・介護などをともに担うという意味において、家庭生活のシェアリングと結びつけている。つまりオランダ・モデルは男女（夫婦）のワーク・ライフ・バランス（仕事と生活の両立）を追求する取り組みでもある。

パートタイムで働く無配偶者の場合、収入を重視するなら休日（大パートタイムでも週休三日）に副業に就くこともできる。ただしオランダ・モデルは、収入は多少減っても時間的ゆとりのある生活を重んじる社会的な合意にもとづいて成り立っている。またこのモデルは、合理性と家庭を重視するオランダ社会の支配的な価値観を背景としているため、現在の日本社会にどの程度適用可能かは不明である。しかし、「パートタイム正社員」や「コンビネーション・シナリオ」という新鮮な発想が参考になることは疑いない。オランダ・モデルは、短時間勤務と非正規雇用とを同一視したり、長時間労働をもって「本当の働き方」とみなしたりする日本社会の体質に内省を迫っている。

(3) 労働者協同組合

雇用のあり方に限定するのではなく、とはいえ生活全般のあり方に拡大するのでもなく、労働のあり方を改めることによって、正規雇用─非正規雇用の枠組みを超える方法がある。それは雇用されずに働くことである。しかし一九世紀アナキズムの一部にみられた独立生産者の自由な連合という構想に込められたような、すべての就業者が自営業に就く状態は、高い生産力をもった現代社会ではありえない。今日成長しつつある雇用されずに働くもうひとつの形とは、労働者協同組合である。

労働者協同組合は、非組合員を除外して、組合員全員が労働することを土台に、出資（所有）と経営にも組合員全員が携わることを原則とした協同組合方式の経営体である。したがってそこでの働き方は、雇用でもなく自営でもない労働の一種である。

労働者協同組合を直接に規定する法律が日本では未制定のため、企業組合、株式会社、有限会社、任意団体などの形態のもとで、定款などを工夫して協同組合の原

協同組合
組合員が対等な立場で非営利の相互扶助を行い、生活や事業の向上を図る組織。消費生活、医療、住宅、共済、労働金庫、農業、漁業などの協同組合がある。労働者協同組合は生産分野の協同組合の一つであるが、事業協同組合（中小企業協同組合の一種）とは異なって組合員が個人単位である。

理を明文化している。つまり組合員は全員が平等な権利をもち、経営の意思決定は、全員が参加する直接民主制、または選出した代表者をとおした間接民主制の形態で行われている。業種は多様だが、各種のサービス業や小売業・飲食店などが多い。日本では一九八〇年代以降、労働者協同組合が簇生し、小規模な組合がほとんどだが着実に増加しつつある。世界ではヨーロッパで活発に展開し、とくに、スペイン、イタリア、イギリスなどの労働者協同組合が注目されてきた。

以上のとおり、労働者協同組合は働き方であると同時に事業経営であり、さらに社会運動という性格を併せもっている。雇用でも自営でもない労働として、正規雇用—非正規雇用の枠組みを超えているが、労働者協同組合を組合員の職業として、事業経営として成功させるためには、協同組合理念への共感にもとづいた知恵と尽力が不可欠である。たとえば組合員全員が、協同組合としての経営に対する関心と意欲と能力を傾注しつつ労働することが求められる。それが欠けると、労働者協同組合を内部から崩壊に導く。

「収入を得たいのに出資するなんて」「働いて賃金さえもらえばよい」「経営は代表者に任せればよい」という考えは、労働者協同組合とは相容れない。出資し、経営に携わることによって、自分たちが所有し自分たちが意思決定する協同組合であることを自覚し、働く動機づけになるからである。反対に「出資だけするから利益の配分がほしい」「人件費を節減して事業を拡大しよう」「営利企業に投資して儲けよう」という考えも、労働者協同組合とは相容れない。何よりも労働が原点であって、労働に必要な資金を調達し、労働の成果によって経営を発展させる原理だからである。

もちろん労働者協同組合といえども、市場原理の社会のなかで存続するためには、大きな課題がある。たとえば、新たなニーズや社会的な意義をもったより付加価値の高い物財やサービスを生産する課題、融資を受けるための独自の金融機関の設立をはじめ他の各種協同組合との協力体制を築く課題などである。海外には、すでにこのような生産や協力の仕組みをもった労働者協同組合グループもある。

このような問題性と課題を自覚しつつ主体的に取り組む姿勢が、労働者協同組合での労働に求められている。したがって労働者協同組合は、気安く働くのではなく、自分が働く主体であることを実感したい人にふさわしい働き方である。

四　自立と共生の働き方

これまで述べたとおり、正規雇用―非正規雇用を超える手がかりはいくつかある。同一価値労働同一賃金のように雇用のあり方を変えること、オランダ・モデルのように労働を含む生活全般のあり方を変えること、労働者協同組合のように労働のあり方を変えること、この三つの方法だけをみても、日本社会で実現したり、成功したりするためには、大きな課題をともなっている。しかしこれらは、正規雇用―非正規雇用の問題性を解消する手がかりだけでなく、正規雇用―非正規雇用の背後にある労働における自立と共生の諸問題を考える手がかりにもなる。正規雇用―非正規雇用という枠組みは、たんなる雇用形態の相違ではなく、雇用の安定性と流動性とのせめぎ合い、半失業状態や家事労働などと密接な関連をもっているからである。

たとえば非正規雇用の増大によって雇用の流動性を高める要望には、人間にとっての労働の不可欠性や価値を軽視する視点、あるいは個人各人としての生活自立や仕事の世界における協働や共感を軽視する視点が潜んでいる。また、非正規雇用であることと失業しやすいこととは不可分の関係にあり、有配偶女性は被扶養で家庭責任を負う立場であることと非正規労働者であることが不可分の関係にある。

紹介した三つの方法は、少なくとも日本社会における正規雇用―非正規雇用の枠組みに比べて、労働における自立と共生に近い働き方であることは確かである。人事管理の大幅な変更をともなうとはいえ、最低限、同一価値労働同一賃金の実現は不可欠であろう。根源的にいえば、働く人間を交換可能な生産要素として、すなわち「人間＝労働力」として扱う雇用の仕組みを克服しないかぎり、正規雇用—非正規雇用の問題性は解消されない。

喫茶室

①非正規雇用の労働者数

役員を除く就業者数は、正規雇用三三七四万人、非正規雇用一六三三万人であり、労働者総数のうち非正規雇用の割合は三二・六パーセント（パート一五・六パーセント、アルバイト六・八パーセント、派遣社員二・一パーセント、契約社員・嘱託五・六パーセント、その他二・六パーセント）である（総務省「労働力調査」二〇〇五年平均）。

②雇用形態別にみた特徴

パート：中年を中心として女性が九割以上。大半が週三五時間未満。ほとんどが年収三〇〇万円未満。アルバイト：男女半々。在学者を中心に若年者が多い。大半が週三五時間未満。ほとんどが年収三〇〇万円未満。派遣：若年を中心に女性が約六割。ほとんどが週三五時間以上。年収三〇〇万円未満が約八割、三〇〇万円以上が約二割。契約・嘱託：男性が多少多い。男性は高年齢者が過半数。ほとんどが週三五時間以上。年収三〇〇万円未満が約七割、三〇〇万円以上が約三割。

③均等処遇をめぐる法制の動き

パートタイム労働法が二〇〇七年に改正され、通常の労働者と同視すべき短時間労働者については、均衡のとれた待遇（賃金、教育訓練、福利厚生）が事業主に対して義務づけられた。しかし「同視」される短時間労働者がどれだけいるか問題である。「同視」されない短時間労働者については、事業主に対する努力義務がほとんどである。

④正規雇用化をめぐる法制の動き

各種の非正規雇用にみられる有期雇用については、雇用契約の更新を繰り返していた労働者が事業主の都合で退職（雇い止め）させられる問題がある。パートタイムの場合は、パートタイム労働法の改正によって、通常の労働者への転換を推進する措置が、事業主に義務づけられた。その反面、労働者派遣法において派遣労働者の直接雇用義務の撤廃を求める要望や、労働契約法案の検討過程において契約社員やアルバイトの正規従業員化規定の削除を求める要望が、経営者側から出されている。

第四章

自立と共生：年齢を超えて

一　『自助論』と『相互扶助論』

生きる主体である個人の尊厳としての「自立」と、支え合い、分かち合いとしての「共生」というテーマは、近代社会の成立以降、どちらも私たち人間存在の意義を問う普遍性をもつ。

たとえばS・スマイルズの『自助論（原題 *Self Help: With Illustrations of Character, Conduct, and Perseverance,* 1858）』がある。日本では、明治期に『西国立志編』（Smiles 1858＝1870）として紹介され、ベストセラーとなった。この著作は、欧米史上有名な三〇〇名ほどの成功立志談により構成された啓蒙書であり、そこを貫いているのは、有名な「天は自ら助くる者を助く（Heaven helps those who help them-

S・スマイルズ（一八一二―一九〇四）イギリスの著述家、医師。スマイルズが著した啓蒙書『自助論』（一八五八年）は、わが国では『西国立志編』（一八七〇年）として紹介されベストセラーとなった。『自助論』の序文に添えられた

selves.)」という「自助の精神」である。「自助の精神」は、近代国家と資本主義の勃興という激動の時代において、自らを失いかけていた多くの青年に希望を与えた。

他方、P・クロポトキンによる『相互扶助論（原題 *Mutual Aid : A Factor of Evolution*）』（Kropotkin 1902＝1917）も影響力をもった著作であった。クロポトキンの主張は、「適者生存」、「生存競争」といった原則を批判し、「相互扶助」に人類の進化の条件をもとめた。この著作は、時代的閉塞を感じていた大正期の民主化をもとめる青年の思想的バックボーンとなった。

これらの「古典」がわが国に紹介されて一〇〇年以上経った現代社会において、スマイルズの提起した「自助の精神（＝自立）」とクロポトキンが主張した「相互扶助の精神（＝共生）」は、再び注目を集めている。スマイルズの『自助論』は、文庫本として再販されたり（一九八一年、講談社）、新訳での出版も行われている（竹内均訳、一九八八年、三笠書房／齋藤孝訳、二〇〇七年、ビジネス社）。また、クロポトキンの『相互扶助論』は一九九六年に復刻され版を重ねている。「自立と共生」は、「二〇世紀的な」思想では行き詰り、閉塞感漂う現代社会において一度向き合っておかなければならない、古くて新しいテーマである。

しかし、現代社会における「自立と共生」は、スマイルズやクロポトキンが最初に受け入れられた時代とは異なった、新たな文脈で論じる必要があるだろう。本章

「天は自ら助くる者を助く」は有名。著書には、『自助論』のほか、『向上心』（一八七一年）、『勤倹論』（一八七五年）、『義務論』（一八八〇年）がある。

P・クロポトキン（一八四二―一九二一）

ロシアの思想家、地理学者。クロポトキンの思想は、日本の社会活動家に大きな影響を与えた。著書には、『相互扶助論』（一九〇二年）のほか、『パンの略取』（一八九二年）『倫理学』（一九二二）がある。

では、「年齢」を軸に据え、とくに高齢者に着目することを通して、現代社会における「自立と共生」を読み解いていきたい。

二　高齢化社会、高齢社会、超高齢社会における高齢者

わが国は、一九七〇年に高齢化率が七％を超え、「高齢化社会（aging society）」となった。この頃からじょじょに高齢者数の増加は、「問題」としてとらえられるようになった。『厚生白書（昭和四五年版）』（厚生省、一九七〇年）のサブタイトルは、「老齢者問題をとらえつつ」であり、扶養負担の増大を「問題」として扱っている。同白書では「人口構造の老齢化」を「国民経済的にもかなり重い負担」としたうえで、「同じ扶養される階層であっても、個々の家計の枠内では、老齢者は青少年や幼児に比較して後順位の扶養になる場合が多くなるであろうから、老齢者にとってこれからの社会はだんだん住みにくいものとなることが予想される。」と指摘している。

その後、わが国では、急速に高齢化が進行したわけであるが、社会の認識にはあまり切迫観がなかった。たとえば、『厚生白書（昭和六三年版）』（厚生省、一九八八年）では、高齢者の増加を社会保障の負担増を強調するのではなく、「長寿を喜べ

る社会」の実現が期待されていた。

「我が国が現在のヨーロッパの長寿国並である一四〜一五％程度の高齢化社会を迎えるのは二〇世紀末であり、それまでの間の一〇年余を活力ある長寿社会構築のために利用することができる。この点に着目し、こうした高齢者の活力や国民の積極的な取組みを生かしながら、それらの取組みに対して行政が効果的な支援を行うならば、社会全体の活力を維持しつつ、高齢者も長寿を喜べる社会が実現していくものと考えられる。」

このような楽観的な雰囲気を一変させたのは、一九九〇年のいわゆる「一・五七ショック」である。一九九〇年六月、一九八九年の人口動態統計で合計特殊出生率が丙午であった一九六六年の一・五七まで落ち込んだことが発表されると、高齢者扶養の負担増大や社会の活力低下の懸念が急速に増大したのである。高齢化社会の本質が、「少子高齢化」であることが世間に知れ渡ったのである。

「少子化」の進展は、相対的な高齢化率の増加にも拍車をかける。その後、わが国の高齢化は急激に進行し、予想よりも早い一九九四年には高齢化率が一四％を超え、「高齢社会（aged society）」となった。

こうした少子高齢化の流れはとどまることを知らず、現在まで進行を続けている。『高齢社会白書（平成一八年版）』では、「将来推計人口でみる五〇年後の日本」として、「超高齢社会」と同時に、「人口減少社会」の到来が予測されている。わが国の総人口は、今後、「長期の人口減少過程」に入り、平成五八（二〇四六）年には一億人を割って九、九三八万人となり、平成六七（二〇五五）年には八、九九三万人になる。

このような人口減少社会においても、今後の高齢者人口は増え続ける。「団塊の世代」（昭和二二（一九四七）〜二四（一九四九）年生まれ）が六五歳に到達する平成二四（二〇一二）年には三、〇〇〇万人を超えることが見込まれている。その後も高齢者人口は増加を続け、平成五四（二〇四二）年に三、八六三万人でピークを迎える。そして、総人口の減少と、高齢者人口の増加により高齢化率は上昇を続ける。平成二五（二〇一三）年には高齢化率が二五・二％で四人に一人となり、平成四七（二〇三五）年に三三・七％で三人に一人となる。平成五四（二〇四二）年以降は高齢者人口が減少に転じても高齢化率は上昇を続け、平成六七年（二〇五五）年には四〇・五％に達して、二・五人に一人が六五歳以上の高齢者となる。

そしてとくに問題となるのは、総人口に占める後期高齢者（七五歳以上）の割合の増加である。「団塊ジュニア」（昭和四六（一九七一）年〜昭和四九（一九七四）年生まれ）が後期高齢期に入った後の六七（二〇五五）年には二六・五％となり、四人に一人が七五歳以上の後期高齢者となることが予測されている（図2）。

図２　高齢化の推移と将来推計

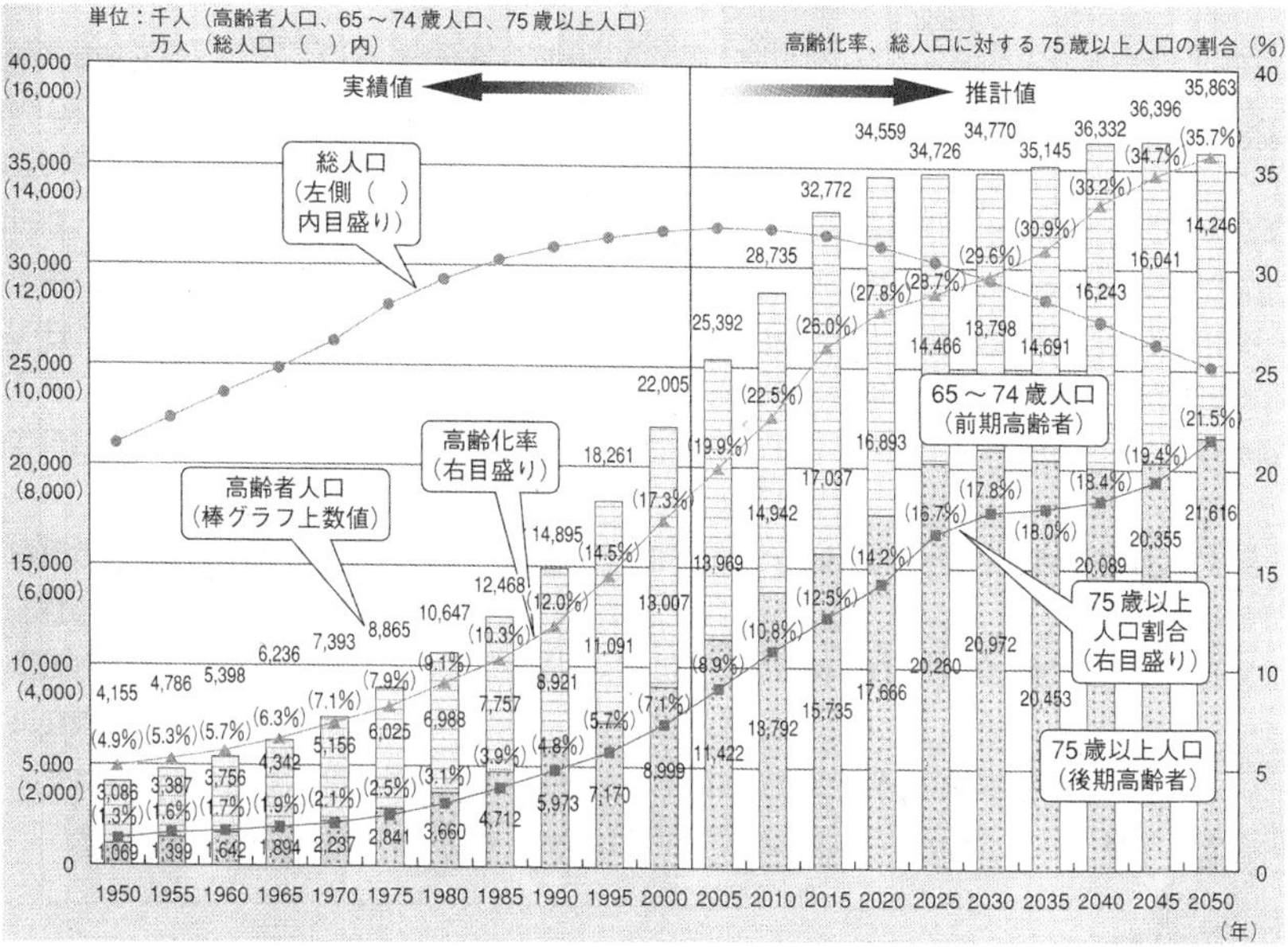

資料：2000年までは総務省「国勢調査」，2005年以降は国立社会保障・人口問題研究所
「日本の将来推計人口（平成14年１月推計）」

（注）　1955年の沖縄は70歳以上人口23,328人を前後の年次の70歳以上人口に占める
75歳以上人口の割合を元に70～74歳と75歳以上人口に按分した。

出所）『高齢社会白書（平成18年版）』（内閣府 2007） p.5

本章ではこうした人口推計がもたらす時代的な雰囲気と、それにともなう社会保障を中心とした制度的に切迫した状況が、高齢者層を中心としてみた場合の「自立と共生」を阻んでいると考えたい。先ほどみた『厚生白書』の言葉をかりれば、「長寿を喜べる社会」(『厚生白書(昭和六三年版)』厚生省、一九八八年)の実現は程遠く、私たちの社会は、高齢者にとって、「住みにくいもの」(『厚生白書(昭和四五年版)厚生省、一九七〇年』)となっているのではないだろうか。

この点に関して具体的に検討していくために、以下では、『厚生労働白書(平成一八年版)』(厚生省、二〇〇六年)を中心にみていきたい。この白書では、すでに述べたような時代的状況を鑑み、サブタイトルが「持続可能な社会保障制度と支え合いの循環」となっている。まずは、近年の介護保険制度改革の動向に着目したい。

三 「持続可能な」社会保障制度

(1) 介　護

介護保険制度は、二〇〇〇(平成一二)年四月に、進行する高齢社会における家族介護の限界から、「社会全体で高齢者介護を支える仕組み」として始まったものである。介護保険制度は、法律の施行以降、急速に人びとの間に浸透し、一定の評

介護保険制度

介護保険制度とは、介護保険法(平成九年一二月一七日法律

第一二三号）にもとづく社会保障制度。二〇〇〇(平成一二)年四月一日から実施されている。保険者は原則として市区町村、被保険者は区域内に住所を有する六十五歳以上の者（第一号被保険者）と区域内に住所を有する四十歳以上六十五歳未満の医療保険加入者(第二号被保険者)である。二〇〇六(平成一八)年四月からの改正で、予防介護、施設利用の際の食費や居住費（ホテルコスト）の自己負担が実施され、また地域包括支援センターが設置された。

価を受けているが、他方では、サービスの利用が急速に伸びたため、費用の増大をもたらしている。このことによる制度破綻を回避し、「制度の持続可能性」を確保するために、「介護保険法等の一部を改正する法律」（平成一七年法律第七七号）が二〇〇五（平成一七）年六月に成立した。改正法の主要な部分は、二〇〇六（平成一八）年四月から施行されている。

この介護保険法の改正点のうち、「自立と共生」というテーマから着目されるべき改正点は、「予防重視型システムへの転換」である。「予防重視型システム」への転換は、要介護度の「要支援」や「要介護1」とよばれる「軽度者」に対し、「効果的な」サービスを提供することにより、状態が改善する可能性が高いと考えるものである。それまでの介護保険制度においては、重度者であっても軽度者であっても、量的に差があっても基本的には同種のサービスが提供されていたわけだが、これは「軽度者の状態の改善・悪化防止に必ずしもつながっていない」として、「介護予防」がクローズアップされたのである。

「予防重視型システム」では、「状態の維持・改善の可能性が高い」軽度者に対しては、「生活機能の維持・改善に資するサービス」を提供されることになった。具体的には、訪問介護（ホームヘルプ）や通所介護（デイサービス）といった従来のサービスについて、介護予防の観点からサービス内容・提供方法・提供期間等が見

図3　予防介護システムへの転換のイメージ

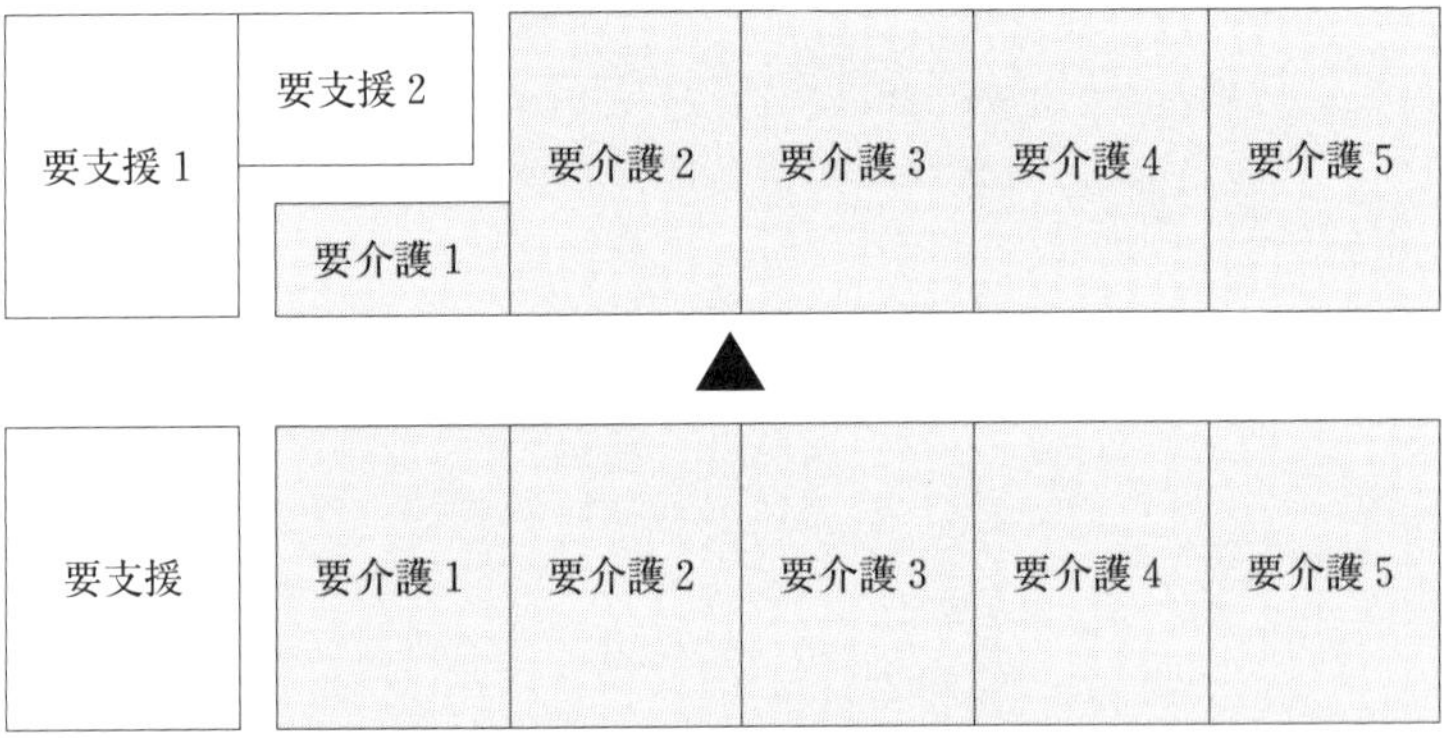

資料）『保険と年金の動向（2006年）』（厚生統計協会 2006） p.130をもとに作成。

直され、「運動器の機能向上や栄養改善等効果的な新たなサービス」を導入することとしている。

　また、それまで、「要支援」または「要介護」の状態になってから、介護保険制度の対象となったわけだが、「予防重視型システム」では、こうした「要支援」、「要介護」状態になる前の段階から状態の悪化防止のための事業を対象とすることで、「要介護状態となる者をできる限り減らす」こととしている。この転換のイメージを図式化すれば図3のようになる。

　しかし、この転換には、当初から予想されたように、実際に運用が始まるとさまざまな歪みがおきている。その歪みは、制度的にはなかなかみえないのだが、実際に利用者と向き合う福祉の現場においては、直接的なサービス利用者からの苦情や、制度と利用者のニーズとの狭間で揺らぐ専門職のジレンマとして現象している。それまで、要介護1だった利用者（七六歳、女性）が、要支援2になったケースでは、担当者による以下のような言明がある。

「今まで利用していたデイサービスの回数を減らす必要がでてきた。彼女は、一番の楽しみだった、デイサービスで友人とおしゃべりをする機会が減って残念がっていた。デイサービスでのおしゃべりは、彼女が社会と繋がるきっかけとなっていたし、本人にとっての『自立』の形だった。制度が変わって、介護予防になったといっても、本人に納得してもらうのは難しい。」（筆者フィールドノーツ二〇〇七年八月）。

改正法が示す方向性としての「予防重視型システム」の理念に従えば、要介護にならないで、可能な限り「自立的に」生活を送ることは「望ましいこと」である。しかし、この事例のように、利用者個人にとってはサービス低下に他ならず、「非自立的な」生活に繋がることもある。

公的介護保険制度は、「介護」というそれまで家族内の問題だったものを社会化するうえで一定の意義のある制度であった。急激な高齢化の進展は、制度を危機的状況に追い込むという意味において「共生」の仕組みの破綻を進め、結果として高齢者個人にとってはサービスの低下につながる問題であり、「自立的な」老後の可能性を阻んでいる。

(2) 年金と雇用

次に雇用問題と年金問題についてみていきたい。すでにみてきたように、少子高齢化の急速な進展により、高齢者人口が増加している。このことは、雇用問題と年金問題にひきつけていえば、生産年齢人口の減少を意味する。二〇〇五（平成一七）年から二〇一五（平成二七）年までの間に一五歳から六四歳までの生産年齢人口は約七三〇万人減少すると見込まれている。このことは、二〇〇七（平成一九）年から二〇〇九（平成二一）年にかけて、団塊の世代が六〇歳以上に到達することで一層、多くの問題を投げかけている。

雇用問題と年金問題は、セットで考える必要のある問題である。今日、雇用問題が問題化していることの背景には、年金制度改革がある。賦課方式を採用しているわが国の年金制度にとって、生産年齢人口の減少は持続可能な制度にとって本質的な問題となる。そのためすでに、二〇〇一（平成一三）年四月から、老齢厚生年金の受給開始年齢の引き上げが段階的に行われている。そして定額部分については二〇一三（平成二五）年度までに、報酬比例部分については二〇二五（平成三七）年

年金制度
日本の年金制度は、二階建ての構造になっている。国民年金からは、基礎年金が支給され、厚生年金などの被用者年金からは、基礎年金に上乗せする報酬比例の年金が支給される。また日本の年金制度は、賦課（ふか）方式を基本とした財政方式を採用している。賦課方式とは、そのときに必要な年金原資を、そのときの現役世代の保険料でまかなう方式であり、

インフレをヘッジできるメリットがあるが、少子高齢社会において若年層への負担が増大するというデメリットがある。別の財政方式として積立方式があるが、こちらにも賦課方式とは逆のメリット、デメリットがある。

図４　老齢厚生年金の受給開始年齢

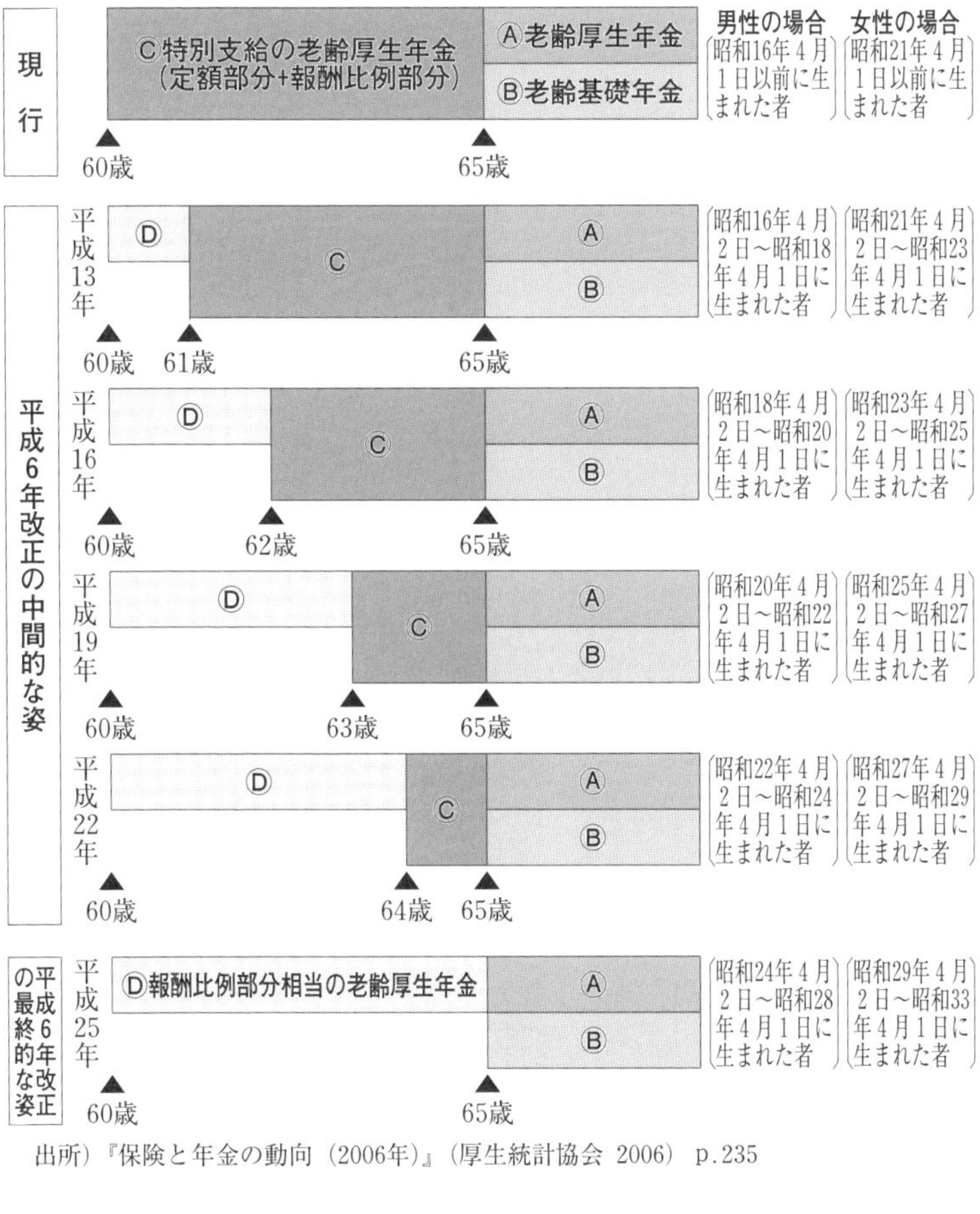

出所）『保険と年金の動向（2006年）』（厚生統計協会 2006） p.235

度までに六五歳に引き上げられることになっている（図4）。

しかし、年金の受給開始年齢が六〇歳から引き上げられたということは、それまでの間、働く必要がある。わが国の多くの企業にとっての定年年齢は、長らく六〇歳であった。今日、時代の要請をうけ、実質的な定年延長が行われている。しかし、原則として希望者全員が六五歳まで働ける場を確保する企業の割合は近年増えているとはいうものの三五・六％とまだ少ない（厚生労働省「平成一八年就労条件総合調査」）。

このような事情もあり、六五歳までの安定した雇用の確保を図る目的で、二〇〇四（平成一六）年六月に「高年齢者等の雇用の安定等に関する法律の一部を改正する法律」（改正高年齢者雇用安定法）が成立している。

ここでは、①定年の定めをしている事業主に対して、定年の引き上げ、継続雇用制度の導入、定年の廃止のうちのいずれかの措置（以下「高年齢者雇用確保措置」という。）の導入の義務化（二〇〇六（平成一八）年四月施行）、②中高年齢者の再就職の促進に関する措置の拡充、③定年退職者等に対する臨時的かつ短期的な就業等の機会の確保に関する措置の充実等が目指されている。

だがこのような雇用と年金の改革をみてくると、「持続可能」という制度的目的ばかりに注目があつまり、当事者である高齢者にとっての「自立」は阻害されている側面がある。年金の受給年齢を強制的に引き上げた上での雇用制度の改革は、強制的な自立を強いられているようにも思われる。

四 「新しい高齢者像」のポリティクス

以上、介護問題と年金問題、雇用問題をみてきたわけだが、なぜこのような矛盾がおきるのだろうか。そして私たちはこのような矛盾をどのように乗り越えていくことができるだろうか。本章では、このことを考えていくうえで、「新しい高齢者像」とよばれる高齢者像の転換を目指した概念に着目したい。

「新しい高齢者像」概念が象徴的に登場するのは、『厚生白書（平成一二年版）』（厚生省、二〇〇〇年）においてである。この白書のサブタイトルは、「新しい高齢者像を求めて―二十一世紀の高齢社会を迎えるにあたって」であり、二一世紀にむけて、「高齢者や高齢社会に関する通念の払拭」を目指し、次のような指摘がなされている。

「高齢者を『弱者』とみる画一的な見方を払拭し、長年にわたって知識・経験・技能を培い豊かな能力と意欲をもつ者として高齢者を捉えていくことが、高齢社会をより豊かに活力があるものとしていくことにつながっていく。ゴールドプラン21

においても、明るく活力ある高齢社会を実現するための基本的な目標の一つとして『活力ある高齢者像』を社会全体で構築していくことを目指すとしている。」

「新しい高齢者像」における「新しい」の含意は、従来の「弱者」という画一的なラベリングからの脱却の方向性であり、具体的には、「活力ある」高齢者像を示唆している。この意味における「新しい高齢者像」の強調による高齢者像の転換は、すでにみてきた「持続可能な」制度を推し進める際の「都合のよい」レトリックとなる。すなわち、「活動的な」高齢者は、なるべく「要介護状態にならないように予防する必要」があるし、「すぐに年金を受給するのではなく、就労しつづける必要」がある。そして、この「新しい高齢者像」のポリティクスの延長には、すでにみてきた今日の社会保障制度改革における高齢者の処遇の方向性があり、その背景には「長寿を喜べない社会」という実情がある。

ここで重要なのは、高齢者にとって、他に選択肢が残されていないということである。高齢者は、自立的であることを「主体的に」選択しているのではなく、ほとんど唯一の選択肢としての「自立」を迫られている。ここでの「自立」は、生きる主体としての尊厳を担保する意味でのではなく、ただひたすらポリティカルに煽られる対象としてのみ現象する。

たしかに、今日の高齢者は若々しく、活動的であり、経済的にも裕福な人も増えており、もはやかつての「老人」ではない。そして、従来のような「弱者」のイメージを克服するための対抗言説として「新しい高齢者像」をポリティカルに主張する意義はある。しかし、「エイジング（＝老いゆくこと）」というプロセスがもつ本質を考えると、その問題点が浮き彫りとなる。

エイジングには、抜きがたく「衰退」という要素が含まれていることを忘れてはならない。この主張は、とくに「後期高齢者（七五歳以上）」に着目した際に説得力をもつ。私たちは「老いゆく身体」と対峙するさい、「新しい高齢者像」という言明の負の側面に気づかされる。またエイジングには、「多様化」という側面もある。私たちは生きてきたように老いるわけであり、そこには人生の帰結としての多様な姿をみることができる。

五　年齢を超えて／世代を超えて

以上、現在の高齢者をとりまく制度、施策として年金、介護、雇用に関する社会保障制度改革に着目し、その背後における「新しい高齢者像」のポリティクスについて検討を行った。そこでは「自立」がキーワードとなってはいるが、それは、「個人の尊厳」を担保するという意味での「自立」ではなく、煽られ、迫られる対象としての「自立」であった。そして、このような雰囲気のなかで改革が進められている「持続可能な」社会保障制度は、制度の維持、存続という側面ばかりが強調されることで、必ずしも「支え合い、分かち合い」という「共生」の制度にはなっていない。

本章では最後に、以上のような現状を踏まえた上で、「自立と共生」の調和のとれた社会を達成する可能性について検討していきたい。このことを検討するうえで着目されるのは、「活力ある高齢者像と世代間の新たな関係の構築」というサブタイトルの『厚生労働白書（平成一五年版）』（厚生労働省、二〇〇三年）である。

ここでは、高齢者の「生き方（＝ライフスタイル）」だけでなく、高齢者と他の世代の関係性にまで踏み込んだ論じ方をしている。末子結婚後二〇年という長くなった期間をいかに生き生きと過ごせるかが今後の高齢者にとって重要であると指摘したうえで、世代間の連携の方策を探ることが課題であるという。

この点をまとめれば、①「高齢者が多様な生き方を選択する社会」と、②「世代間で共に支え合う社会」であり、本書の課題である「自立と共生」の調和のとれた社会が期待されているのである。これは別の言葉で表現すれば、「老若共同参画社会（age-equal society）」（濱口　二〇〇三a、二〇〇三b）とよぶことができるだろう。老若共同参画社会において目指されるのは、単に自立を煽ったり、共生を強い

ボランティア活動
「ボランティア」とは、ラテン語の“voluntus”を語源とし、「自主性」、

「無償性」、「公益性」の原則を基本とする。日本のボランティア活動は、欧米に比べてあまり普及していなかったが、一九九五年（平成七年）一月一七日に発生した阪神・淡路大震災をきっかけに社会的注目を集めるようになった。このことから、同年は「ボランティア元年」と呼ばれている。また、市民活動を中心としたボランティアの組織化に関しては、「特定非営利活動促進法（NPO法）」（平成十年三月二十五日法律第七号）が施行された一九九八（平成一〇）年以降、急速に進展した。

図5　ボランティア活動に従事する者（年齢別割合）

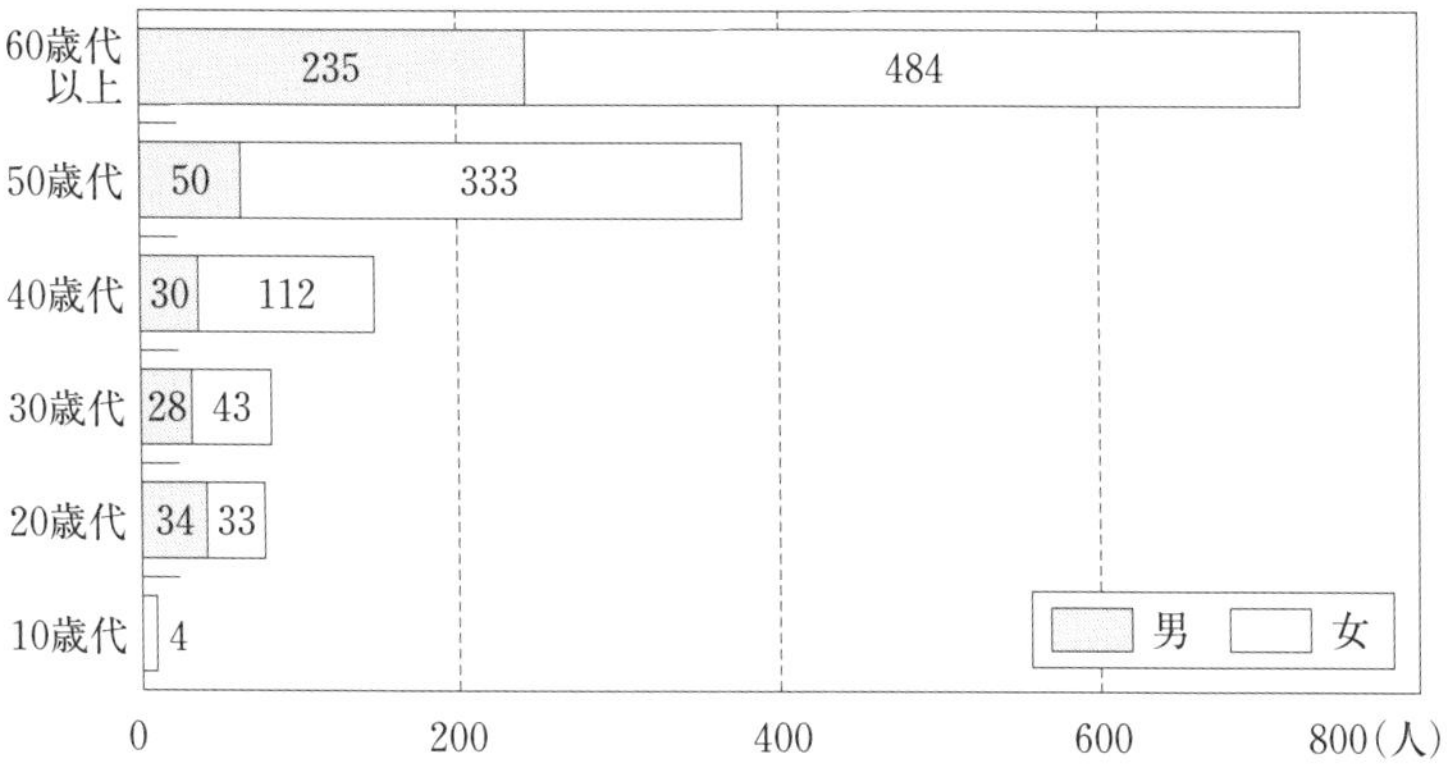

資料：全国社会福祉協議会「全国ボランティア活動者実態調査」（2001年）
出所）『厚生労働白書（平成15年版）』（厚生労働省 2003） p.13

る社会の状態ではなく、年齢にとらわれない対等で平等な社会参加が期待される「成熟社会」である。

　このような社会を実現していくうえで、現時点においても具体的に希望をもてることがある。それは、高齢者のボランティア活動への参加意欲は他の年代と比べても高い点である。全国社会福祉協議会が二〇〇一年に実施した「全国ボランティア活動実態調査」をみても、全回答者のなかで、六〇歳代以上が五一・七%と過半数を占めている（図5）。

　たとえば公的なものとしても、JICA（独立行政法人 国際協力機構）の「シニア海外ボランティア」は、四〇歳から六九歳までのシニアボランティア制度で、毎年、二五〇名が募集され、一年または二年の任期で世界各国に派遣される（国際協力機構シニア海外ボランティアHP）。

また民間で行っている活動も多くある。近年注目されている興味深いものとしては、「傾聴ボランティア」としてのシニア・ピア・カウンセリングがある。特定非営利法人ホールケアファミリー協会では、シニア・ピア・カウンセラーの養成講座を開催している。関心のある高齢者がカウンセリングの基本を学び、悩みをもつ別の高齢者の話し相手として相談にのるという活動である（ホールファミリーケア協会二〇〇四）。

他にも地域の社会福祉協議会がコーディネートするシニア向けのボランティア活動は、非常に活発であり、枚挙に暇がない。

このように、現在の高齢者によるボランティア活動に着目すると年齢にとらわれない、多様な高齢者の姿を見ることができる。そこには、個人の尊厳を担保する「自立」はもちろん、支え合い、分かち合いとしての「共生」の可能性をみることができる。

だが、「共生」のうち「世代間で共に支え合う」という視点については、今後の課題として残されている部分が大きいように思われる。ボランティア活動は、空間的広がりとしての「共生」の可能性を包含するわけだが、時間的繋がりとしての

老年学的想像力

「老年学的想像力(gerontological imagination)とは、フェラロ（Ferraro 1990）の言葉である。フェラロは、C・W・ミルズ(Mills, C. W.) の「社会学的想像力(Sociological Imagination)」を参考に、老年学／ジェロントロジーに求められるイマジネーションとして「老年学的想像力」を問うた（荒井 二〇〇六）。

「共生」、つまり世代間の連携にはなかなか至っていないのが現状である。そして、年金や介護の負担といったマクロな問題としてとらえると、世代間の関係は、「連携」ではなく「対立」の構図になりやすい。

そもそも、「世代 (cohort)」概念が説明するように「現在の若者」は、「現在の高齢者」になるわけではなく、「未来の高齢者」になるのであり、同様に「現在の高齢者」も、「現在の若者」ではなく、「過去の若者」だったのである。現在の若者と高齢者は、時間的連続体としてとらえるのではなく、不連続なそれぞれ別の集団として認識される。

このような世代間の溝をどのようにしたら埋めることができるだろうか。本章では、その可能性を若者と高齢者を相互に当事者としてとらえる想像力に求めたい。「子供叱るな来た道だもの／年寄り笑うな行く道だもの（後略）」（作者不詳）（永　一九九四）という言葉があるが、二五歳の若者も、五〇年後は七五歳の高齢者なるという意味において、時間的な連続体といえる。若者は高齢者になることを予期することができるし、高齢者は嘗て若者を経験しているという意味において、時間軸において相互に当事者たりうる。このような想像力は、「老年学的想像力(gerontological imagination)」（Ferraro 1990、荒井　二〇〇六）とよぶことができるだろう。

このような世代間の分かち合いという「共生」のあり方は、高齢者の「自立」のあり方をも問い直す。この地点においては、もはや「自立」は単独で存立するものではなく、空間的、時間的な「共生」と無関係ではいられない。また逆に、「共生」も、「自立」を担保するもでなくてはならない、という相互的なものとしてとらえる必要がある。

高齢者にとっての「自立と共生」は、年齢を超えるとともに、世代も超えて検討されなければならない課題であり、その先にこそ、「成熟社会」の可能性を読み込むことができるのである。

第五章

自立と共生：障害者からの問い直し

一　「本来あってはならない存在」からの叫び

障害者の自立と共生の課題は、現在、障害者運動や政策により、すべての人びとに関わる課題として認識されるようになってきている。しかし、障害者は人間の尊厳に値しない存在として、遺棄されたり、殺害されたりして、存在を否定されてきた困難な歴史があった。

そして、障害者の一部は「低価値」者として規定され、その子孫を残さないようにする断種法が、日本においても国民優生法（一九四〇年）、優生保護法（一九四八年――一九九七年）として存続してきた。障害者の生存が権利として認められた世界人権宣言の採択（一九四八年）以後においても、障害者を「本来あってはならない存在」ととらえる優生思想は存続してきた。

日本の高度経済成長による急激な都市化は、伝統的な共同生活を縮小・変形して、家族と地域社会の相互扶助力を弱体化した。生産第一主義は、公害問題を大きく顕在化させ、新たな障害者問題も生み出していった。一九六〇年代の諸社会運動は、市民としての権利主張にもとづく新たな連帯も生み出したが、イデオロギーにもとづく異なる主張の排除や住民エゴイズムによる迷惑施設排除の力に変質する危険もあった。

学生運動等の挫折や後退が顕在化しつつあった一九七〇年に、日本の障害者運動の歴史に残る動きが始まった。一九七〇年は、心身障害者対策基本法が施行され、初めて「心身障害者対策の総合的推進」を目的とする取り組みが開始された年であった。

一九七〇年五月、横浜市で二歳の重度障害児を母親がエプロンの紐で絞殺した。その後、地元町内会などによる母親減刑運動や、心身障害者家族会による市長への抗議文が出される。その抗議文には、「施設もなく、家庭に対する療育指導もない。生存権を社会から否定されている障害児を殺すのは、やむを得ざるなり行きである、といえます」と記されていた。

「青い芝の会」神奈川県連合会の脳性マヒ（Cerebral Palsy：CP）者は、七月の例

「青い芝の会」神奈川県連合会
青い芝の会は、脳性マヒ者だけが集まって一九五七年に結成された日本脳性マヒ者協会の略称である。「すべての脳性マヒ者の更生と親

睦の為の、社会福祉団体で脳性マヒのみんなが手をつなぎ踏まれても踏まれても青々と萌えていく芝のように立ち上がろうという会」と機関紙で説明されている。横塚晃一や横田弘などが、神奈川県で社会的に大きく動きだしたのが一九七〇年の「障害児殺し」の事件であった。その後、一九七一年映画『さようならCP』制作協力、一九七二年からの優生保護法改正運動、一九七六年の川崎市バス乗車拒否事件等、「青い芝の会」の運動を主導していった（横田一九七九等を参照）。

会で議論を深め、減刑運動阻止の取り組みに着手する（横田　一九七九）。CP児殺しの母親が無罪になるのは、CP者を殺しても無罪となることであり、CP者を「本来あってはならない存在」とみなすことになる。「CP者の生命を守るために正当な裁判を」と、主張したのであった。

横田は、この運動の過程で明確化されてきたCP者の解放運動の基本的テーゼを以下の四つにまとめて、十月発行の会報『あゆみ』十一号に試案として掲載した（横田　一九七九）。

「一、われらは自らがCP者であることを自覚する。われらは、現代社会にあって『本来あってはならない存在』とされつつある自らの位置を認識し、そこに一切の運動の原点をおかなければならないと信じ、且つ行動する。一、われらは強烈な自己主張を行なう。（中略）一、われらは愛と正義を否定する。（中略）一、われらは問題解決の路を選ばない。（後略）」

障害者を治療や訓練により社会復帰させて、職業的自立を図る施策を第一とし、職業的自立ができない者は家族の扶養にまかせる。家族が扶養できない重度の障害者は施設収容していく。一九七〇年に、厚生省は「社会福祉施設緊急整備五か年計画」を策定していた。障害者が社会に同化する努力は支援するし、家族の困難を軽減するために施設収容はするが、CP者から告発された社会の側の問題についての深い認識は広がらなかった。

「内なる健全者幻想」を内面化した障害者にも、青い芝の会の過激な主張はすぐには浸透していかなかった。しかし、CP者の体当たりの主張と行動に直面した障害者の一部には、存在を否定する社会の問題への自覚や、障害者として開き直って生きていく覚悟、常識を内面化した自己否定を覆し、常識を問い直し、障害者として「名のり」をあげ、自らの意味づけを大切にして生きていく障害者が増え、障害者運動が広がっていったのである。

二 「障害」概念の問い直し

日本で青い芝の会が告発と批判の運動を展開していた一九七〇年代に、イギリスでも障害者運動が発展し、「隔離に反対する身体障害者連盟」が結成されて、「障害」概念を問い直し、「障害」= disability の新しい認識を提示した。それは後に「社会モデル」と名づけられ、イギリス障害者運動の中心的な考え方になる。そして、「障害学（disability studies）」によって理論として精錬されていく。

障害の社会モデルとは、「機能障害」= impairment とディスアビリティを分けて認識し、現代社会がインペアメントをもつ人を社会活動から排除していることによ

障害学（disability studies）
イギリスでは、一九七〇年代から発展してきた障害当事者による「障害」概念の問い直しが一九八〇年代に「障害学」として確立されてきた。一九八六年に発刊された"Disability & Society"（当初は"Disability, Handicap & Society"、九四年

に改名）によって、広く活発な議論が積み上げられてきた。アメリカでは、一九八二年に発足した障害学会（Society for Disability Studies）が"Disability Studies Quarterly"を発行して、「障害学」を推進している。イギリスと異なり、非障害者も多く参加しており、当事者の立場性へのこだわりはイギリスよりも弱い。日本では、二〇〇三年に、「障害を社会・文化の視点から研究する障害学会」が設立されて、『障害学研究』を二〇〇五年から発刊し、発展が期待されている。

る活動の制限と不利益をディスアビリティととらえたものである。障害の問題は、個人のインペアメントに問題があるのではなく、社会的抑圧による不利益の問題と認識するのである。

障害を個人の問題と認識し、その責任も個人に帰属させてきた障害の「個人モデル」は、障害による不幸を個人的悲劇ととらえてきた（個人悲劇理論）。障害は社会的抑圧が原因であり、問題の責任は社会にあると批判する障害の「社会モデル」は、障害者個人を否定的にとらえる呪縛から障害者を解放し、障害の原因である社会を変革する武器となった（田中　二〇〇五）。

二つの世界大戦は、多くの障害者を作り出し、機能訓練や職業訓練による社会復帰を目指したリハビリテーションを発展させる契機となった。医学的、社会的、教育的、職業的リハビリテーションは、専門家が個人の障害を診断し、治療・訓練・教育により個人の障害克服を指導してきた。障害の「社会モデル」は、専門家が個人を見るのではなく、障害の原因である社会を見ることを要請したのであった。

劣悪な施設処遇を受けていた知的障害者の基本的人権を尊重し、可能な限り通常の生活に近づけるようにするノーマライゼーションの政策は、デンマークのバンク-ミケルセンによって推進され、一九六〇年代に北欧や北米に広がっていった。普通の生活条件、普通のサービスの提供は、施設内の改善だけでなく、地域社会での生活についても主張されていった。そして、一九七一年には、国連総会で「知的障害者の権利宣言」は採択された。

さらに、一九七五年には、国連総会で「障害者の権利宣言」が採択された。「障害者は、その人間としての尊厳が尊重される生まれながらの権利を有する。（中略）このことは、まず第一に、可能な限り通常のかつ十分に満たされた相当の生活を享受する権利を意味する」と、第三項に規定された。人権を可能な限り通常の生活で実現しようとするノーマライゼーション思想は、国際的に承認された。

そして、ノーマライゼーションの思想は、「共生社会形成」の中核的な思想に発展していく。「障害者の権利宣言」を実現していくために、一九八一年を「国際障害者年」とすることを決めて、一九七九年に「国際障害者年行動計画」も採択される。障害についての正しい理解を普及し、障害者の「完全参加と平等」を推進することが目指された。

この行動計画のなかで、障害理解の促進を次のように述べている。「国際障害者年は、個人の特質である『機能障害（impairment）』と、それによって引き起こされる機能的な支障である『能力障害（disability）』そして能力障害の社会的な結果である『社会的不利（handicap）』の間には区別があるという事実について認識を促進すべきである」。

国際障害者年

一九七五年の国連総会で「障害者の権利宣言」が採択されたが、障害者の人権を可能な限り通常の生活で実現していくという現実的課題は、その後も本格的に取り組まれることはなかった。この理念を実現していくために、一九八一年を国際障害者年とし、「完全参加と平等」をテーマにして、行動計画を立案して世界的規模で啓発活動に取り組んだ。一年の取り組みだけでは不十分であると認識されて、一九八三年から一九九二年までを「国連・障害者の十年」として行動を継続した。日本では、病者としてしか公的に認知されていなかった精神障害者が、障害者として認知され、福祉的サービスを同等に受けられるようになる重要な出発点となった。

また、障害を個人の問題ではなく、個人とその環境の関係の問題としてとらえることを明示し、社会の側の責任を次のように述べている。「社会は、一般的な物理的環境、社会保健事業、教育、労働の機会、それからまたスポーツを含む文化的・社会的生活全体が障害者にとって利用しやすいように整える義務を負っているのである。これは、単に障害者のみならず、社会全体にとっても利益となるものである。ある社会がその構成員のいくらかの人びとを閉め出すような場合、それは弱くもろい社会なのである」。

世界保健機関（WHO）は、議論を積み重ねて一九八〇年に詳しい「国際障害分類試案」を発表した。それは、「疾病又は変調」→「機能障害」→「能力障害」→「社会的不利」（機能障害からの直接の→を含む）という「障害構造」を試案として提示した。

この試案は、イギリスの障害者運動が提示した障害の「社会モデル」ではなく、「疾病又は変調」を障害の原因とした、障害の「医学モデル」という厳しい批判を受けることになった。障害をいかに認識するか、障害による不自由・不利益・困難の解決責任を誰に帰属させるか。リハビリテーションの研究者や実践家、政策を作る官僚や政治家、障害者家族だけでなく、多様な障害者が参加して、「障害の定義」をめぐる政治が展開されていく。

一九八一年の「国際障害者年」、一九八二年の「障害者に関する世界行動計画」、そして一九八三年から一九九二年までの「国連・障害者の十年」の活動によって、「完全参加と平等」を目指すノーマライゼーションの取り組みと、「国際障害分類」の理解は発展していった。

障害者からの発言を強化する動きは、専門家との対立を超えて発展してきた。一九八〇年の「リハビリテーション・インターナショナル」世界会議では、障害者の代議員を全体の五〇％にしようとするスウェーデンの提案が否決された。障害者たちは、専門家に自分たちの意見を代弁してもらうのでなく、自分たちで話し合い、決定し、行動する、障害者の国際的組織づくりをすることを決めた。そして、一九八一年に「障害者インターナショナル（Disabled Peoples, International : DPI）」設立世界総会がシンガポールで開催された。

「国際障害分類」は障害者からの多くの批判を受けてきた。この「医学モデル」批判を受け止め、社会的・環境的要因を考慮することや、一方的な因果関係ではなく、相互作用を認知する「障害構造」モデルが模索された。そして、二〇〇一年にWHOの総会で、「国際生活機能分類（International Classification of Functioning, Disability and Health : ICF）」（図６）が採択された。

このＩＣＦを活用した政策や実践への具体化は、まだ進展していない。「障害」

図6　ICF の構成要素間の相互作用（「障害構造」）

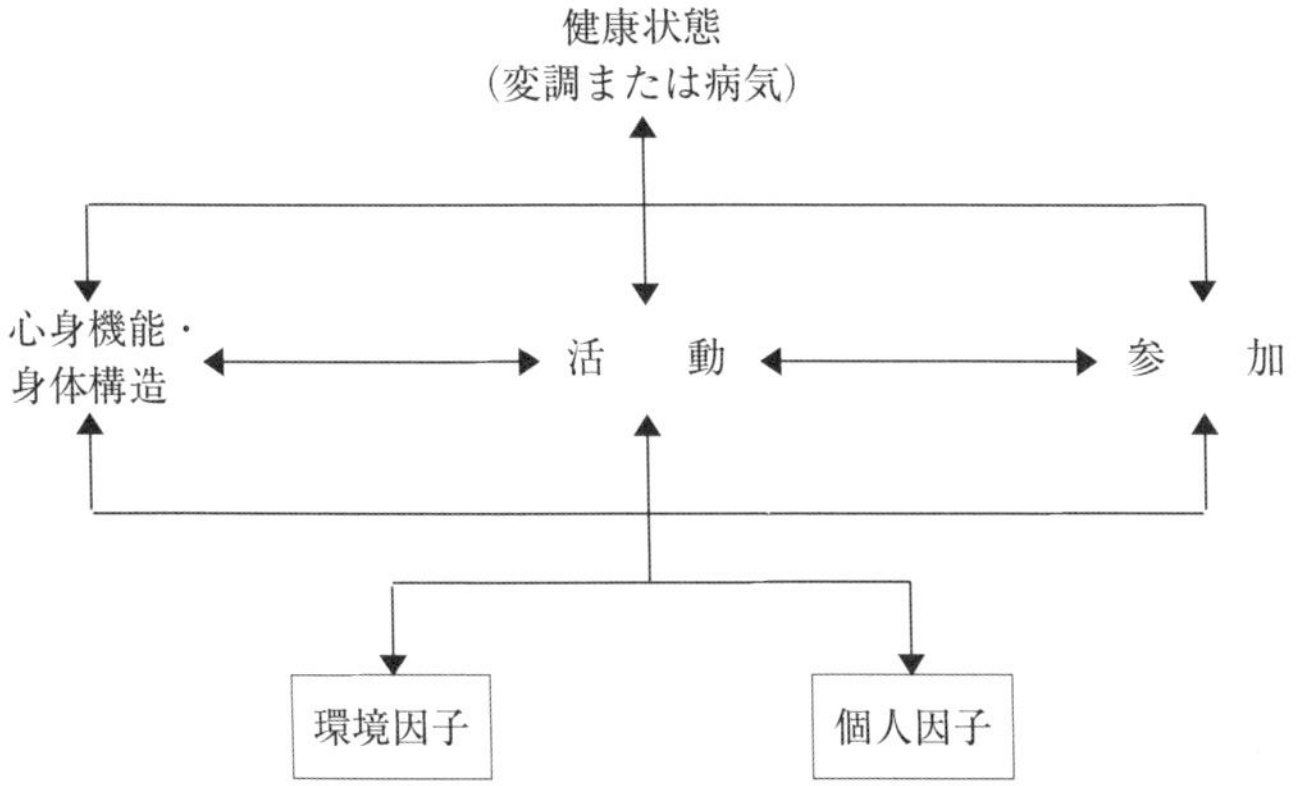

出所）「『国際生活機能分類―国際障害分類（改訂版）』（日本語版）の厚生労働省ホームページ掲載について」（http://www.mhlw.go.jp/houdou/2002/08/h0805-1.html）

概念の問い直しは、今も継続しているし、この「障害」概念の定義とその普及が、障害者の社会的現実の構成に大きな影響を与える。「障害」者とは、その「自立と共生」とは何か。これら定義をめぐる政治に、障害者運動だけでなく、「障害学」も重要な役割を果たしつつある。

三　「自立生活」運動

一九六〇年代のアメリカは、公民権運動、消費者運動、自助運動等、多様な社会運動が発展し、既成の体制に従属していた人びとが自分たちの権利を主張し、自分たちの人生の主人公として、自分で自分の人生を選択して生きていくことを社会に認めさせていった。

　この時代に、重度の身体障害者で大学に入学した人たちは、大学内の病院で患者として過ごすのでなく、学生として他の学生と同様な生活をすることを目指した。そのような動きのなかで、カリフォルニア大学バークレー校のエド・ロバーツらは、キャンパス・ライフを保障するバリアフリー化、介助サービス、学習支援サービス、移動サービスなどの障害学生プログラムを作っていった。そして、卒業生や地域の障害者に、地域生活で同様のサービスを提供するバークレー自立生活センターを一九七二年に設立した。これが「自立生活（Independent Living：IL）」運動発展の出発点となった。

　エド・ロバーツは、保護と隔離の対象であった障害者が、自分の生活を自分で管理し、社会へ参加する平等の機会の権利を行使して「慈善から統合へ」と動き出したことを説明している。そして、障害者を弱いか病んでいると見る世間の態度、希望や機会を奪っている差別的な法律や慣習の是正の必要性を主張した。「危険をおかす権利」や教育や雇用の機会の平等化の主張、介助サービスの拡大、障害者によるＩＬセンターの運営（ピアカウンセリング、職業訓練及び相談、住宅及び介助者紹介、セックスカウンセリング、権利擁護等のサービス提供等）、法改正の運動に

自立生活（IL）センター

　自立生活センターとは、障害者の「自立生活」の理念を実現させる最も有効な手段として開発された、障害者による地域自立生活を可能にするサービス提供事業であると同時に、障害者の地域自立生活を促進する運動拠点でもある。障害者がこの組織運営の責任とサービス提供の責任を担えるように、組織規定していることも重要な特徴である（全国自立生活センター協議会のホームページ参照 http://www.j-il.jp/index.html）。

よるＩＬセンターの設置の義務化が、障害者の未来を大きく変えていくと主張したのであった。

障害者の「自立生活」思想は、障害者の実践と運動により現実化され、政策化されていったのであった。ガベン・デジョングは、リハビリテーション規範と「自立生活」規範を以下のように対比して説明した。

障害者の「自立生活」を阻む問題は、障害者のインペアメントや職業技能の欠如ではなく、専門家や家族等への依存にある。問題の所在は、個人にではなく、環境・リハビリテーションのプロセスにある。問題の解決は、専門職の介入ではなく、ピアカウンセリング・セルフヘルプによる消費者の自主管理・障壁の除去による。障害者の社会的役割は、患者・クライエントではなく、消費者である。望ましい結果は、最大限の日常生活動作や収入のあがる職業ではなく、「自立生活」である（障害者自立生活セミナー実行委員会編　一九八三）。

「自立生活」運動は、障害者自身の尊厳と誇りを取り戻し、自分の生命・生活・人生を自分で考え、仲間と話し合い、自分で決めて、社会のなかで生きていく思想と、それを具体化する方法を普及しつつ確立していったのであった。

日本の一九八〇年代は、運動が告発の時代から地域の時代へと変化した。「国際障害者年」以降の政策動向にも後押しされて、自治体からの補助金を受けて小規模作業所づくりに取り組み、地域での生活を支える活動・運動が展開されていく。障害者の国際交流も開始され、日本の障害者がバークレーのＩＬセンターに研修を受けにいくようになった。そして、一九八三年には日米障害者自立生活セミナーが開催された。これらの交流は、「自立生活」の考え方や方法の知識を学ぶだけでなく、障害者として誇りをもって生き、活動・運動に取り組むエネルギーとパワーが湧き出るような貴重な機会となったのであった。

一九八六年に、八王子市でヒューマンケア協会がＩＬセンターを開始し、他地域に波及する。一九八九年に、障害者福祉の専門家が中心になって、「自立生活問題全国集会」が開催された。一九九一年には、全国自立生活センター協議会が発足し、日本の活動・運動はさらに広がる。

そして、国の障害者プランの市町村生活支援事業が一九九六年から開始され、ＩＬセンターが行ってきた自立支援プログラムやピアカウンセリングが実施項目として取り入れられ、自立生活支援活動は全国に広がっていった。ただ、当事者主体のＩＬセンターではなく、専門職中心の社会福祉法人でも事業は受けられるので、ＩＬセンター活動が広がるためには、それを担っていく障害者運動の力量や活動家養成の力が各地で問われることになった。

日本の障害者運動の一九九〇年代は、当事者主体の時代とよばれる。知的障害者の当事者活動も盛んになり、精神障害者団体連合会も一九九三年に結成されて活動を開始した。障害当事者が全面に出て動きだした時であり、国や自治体も障害者プランに取り組み、当事者活動を支援した。バブル崩壊後の失われた十年とよばれたが、障害者運動は、「自立と共生」の二一世紀を目指して、前進していると実感できた歳月であった。

四　「自立と共生」への新たな模索

一九九七年に、厚生省は中央社会福祉審議会に社会福祉基礎構造改革分科会を設置し、社会福祉基礎構造改革を推進する検討を本格的に開始した。同年一二月には介護保険法が成立し、二〇〇〇年四月から施行されることになった。介護保険法施行に併せて、社会福祉事業法等の見直しをして、少子・高齢化、家庭機能の変化、低成長経済等の社会変化に対応できる社会福祉の考え方と供給システムの改革が目指された。

一九九八年に出された社会福祉基礎構造改革の中間報告は、新しい社会福祉の理念を次の三項目にまとめた。〇国民が自らの生活を自らの責任で営むことが基本、〇自らの努力だけでは自立した生活を維持できない場合に社会連帯の考え方に立った支援、○個人が人としての尊厳をもって、家庭や地域のなかで、その人らしい自立した生活が送れるように支える。

第二次世界大戦後に確立されてきた権利としての社会福祉の考え方を後退させて、自助・自己責任の「自立」と互助的な地域福祉の「共生」の理念を、規制緩和によって効率的に推進することが目指された。この改革は、中央集権から地方分権へ、供給者本位から利用者本位へという、福祉のパラダイム転換ととらえられ、利用者本位のサービス提供ということが強調された。ここには、「自立生活」運動の利用者によるサービスの選択・コントロールの主張との類似性が読み取れるが、実際には異なる結果が生じてくるのであった。

二〇〇〇年の介護保険法の施行、社会福祉事業法の改正による社会福祉法の成立、そして二〇〇三年四月からの障害者福祉改革の決定と、基礎構造改革は進められていった。障害者福祉領域では、二〇〇一年の新しい国際障害分類であるＩＣＦの正式承認や、二〇〇二年の第六回ＤＰＩ世界会議の札幌大会開催など、国際的な連帯による課題への取り組みがあった。そして、「私たちに関することは、私たち抜きで何も決めさせない（Nothing about us, without us.）」が国際的な運動のスローガンとして繰り返された。

この運動の高揚の後、「措置から契約へ」という利用者本位のサービス提供を、身体障害者と知的障害者を対象に市町村で行う支援費制度の導入が目前に迫った二〇〇三年一月に、新聞報道からホームヘルプサービスの上限設定反対運動が始まった。重度の自立生活者にとって、ホームヘルプサービス利用の上限設定は死活問題であり、激しい運動により上限設定はされないことが明言された。しかし、これが激動の歴史の発端となった。

さまざまな課題がある支援費制度の開始であったが、ホームヘルプサービス利用が飛躍的に伸びて、すぐに財源不足となり、制度の見直しが開始された。介護保険法が五年後の見直しに向けて検討開始される時期と重なったこともあり、支援費制度と介護保険の統合問題が急浮上してきた。そのメリットとデメリットの検討において、関係団体間で賛否の分裂も生じた。しかし、介護保険料を半額負担する財界の反対等により二〇〇五年の介護保険法改正時の統合は見送られた。

しかしながら、厚生労働省は、「保護から自立へ」とパラダイム転換した新しい障害者福祉として、支援費制度から外されていた精神障害者も含めた三障害サービス一元化の「障害者自立支援法」案を、国会に提出する。サービス利用抑制とサービスの安定的提供の財源確保として、利用者の応益負担を盛り込んだが、障害者からの厳しい批判（普通の暮らしをするのに必要不可欠なサービスを益とみるのかという批判）を受けて、定率負担へと名称変更し、負担軽減措置を積み上げていった。

障害当事者の激しい反対運動にもかかわらず、郵政民営化を争点とした衆議院議員選挙に大勝した小泉内閣は、一度廃案になった法案を再提出し、二〇〇五年一〇月に可決し、二〇〇六年四月から施行した。

「私たちに関することを、私たち抜きできめられた」この「障害者自立支援法」は、新しい「自立と共生」を目指した。しかしながら、この支援法は「自立」への自助・自己責任を強め、訓練主義的「自立」、「職業的自立」への「自立」概念の矮小化だと、障害者運動から厳しい批判を受けることになった。契約による利用者本位のサービス提供は、定率負担の導入、問題のある「障害程度区分判定」と審査会による給付制御、選択できるサービス資源不足等により、安定的財源確保ための限定したサービス提供に変質する問題を孕んでいた。

「自立」は、訓練や「職業的自立」重視で、サービス抜きの「自立」が目指されるという「自立生活」運動以前の時代への後戻りと思わせるような事態になってしまった。そして「共生」は、競争的社会への「同化」による「共生」と社会連帯に期待する地域福祉の「共生」になり、社会の一員として認知されるための定率負担や訓練努力が障害者に期待された。法律の理念は、このような解釈とは異なるが、現実に読み込まれた内容は、以上のような批判を受けるような結果を生み出したのであった。

このような新しい「自立と共生」に対抗する、新しい運動は開始されている。二〇〇六年一二月に、障害者権利条約が国連で採択された。障害者の「自立と共生」を前進させる大きな契機となることが期待されている。差別を禁止して機会の平等を確立することは、障害者の「自立」を支え、「共生」を推進することに貢献できる。

五　「自立と共生」への「問い直し」の意義

本章で論じてきた障害者からの「自立と共生」の問い直しの歴史記述は、偏りのある歴史記述である。「本来あってはならない存在」からの叫びを重視し、「本来あってはならない存在」を排除したり、抑圧したり、価値剝奪してしまう「自立と共生」を批判する立場からの記述を目指した。これからの社会における「自立と共生」を問い直すために。

身辺的自立や経済的自立ができない重度障害者の存在を否定して、機能訓練や職業訓練によって職業的自立ができる障害者だけを「共生」の対象にする生産第一主義社会の問い直しは、生産能力だけで人を評価し、保護という名の排除や抑圧の問題を告発していた。

ピア・サポート(Peer Support)
「仲間同士で助け合うこと」。日本でも、学校で生徒同士のピア・サポートを促進する取り組みが活発化し、日本ピア・サポート学会も設立されている。障害者福祉の領域では、一九八〇年代からの自立生活運動の導入により、ピアカウンセリングが普及し、さらに精神障害者領域のピア・ヘルパーなど多様にピアの力を活用した支援が広がり、「同じような障害や病気を体験した人が、対等な仲間として支援すること」をピア・サポートの定義としている。（詳しくは、藤井達也『精神障害者生活支援研究』学文社、二〇〇四年参照）

しかし、差異のある存在の価値を開き直って肯定した青い芝の会の運動は、当時は一部の過激な障害者の運動、無茶な要求をする変わった人びととして読み取られ、大きな歴史のなかで埋葬されかけた。「健全者幻想」を内面化した人びとにとっては、「他人事」でしかなかったのである。障害は、可哀想な個人の悲劇であり、「死んだ方が幸せ」と思われていて、その意識を障害者も内面化し、自己を否定してしまっていたのであった。

障害概念の障害者からの問い直しは、障害者からの共生を阻む社会への反撃であった。障害者問題は、生産第一の資本主義社会、「自助」と「自律」を求める近代市民社会が生み出してきた「ディスアビリティ」の問題であり、社会の問題であると批判される。障害者運動は、排除されていた高等教育の扉を開けて、障害者自身による「障害」研究を拡大し、「障害の定義」をめぐる政治に取り組んでいる。

そして、「自立生活」運動は、近代市民社会が求めた「自立」概念を問い直し、仲間同士のセルフヘルプ、ピアの力を活用し、サービスを自己管理しつつ、自分なりの生活をする「自立生活」を、バリアのある社会を運動で改革しながら、具体的に実現していく。仲間同士の支え合いというセルフヘルプ（「わかちあい」にもとづく「ひとりだち」）、ピア・サポートは、人間が「共生」する不可欠の原理を新しい形態で開示した。思想と運動は、実践により具体化され、実践の積み重ねは、思

インクルージョン（Inclusion）

障害児教育では分離教育から統合教育へ、さらに統合教育における一部の分離を個別支援の取り込みによって「完全な包括」（Inclusion）教育へと展開してきたが、社会で生活していても見えない分離がある障害児・者の生活を「完全な包括」へと発展させようとするために主張されるようになってきた理念。一九九五年に国際知的障害者育成連盟の名称が、インクルージョン・インターナショナルに正式決定されて、広く使われるようになった。ノーマライ

想と運動を精錬していく。

差別禁止による機会の平等化は、「ディスアビリティ」を軽減する。しかしながら、一部の障害者の「ディスアビリティ」の軽減は、他の障害者の不利益を更新することもある。職業リハビリテーションの発展は、悪いことではないが、能力主義への同化の圧力を強化し、働けない障害者の価値を低下させる危険がある（星加二〇〇七）。

思想と運動と実践だけでは不十分である。ある主張や実践が、どのような意図せぬ効果を生み出すか、何をどのように主張すると障害者にどのような影響があるか。機会の平等の主張を、差異の尊重を損なわないようにするために必要なことは何か。同化の圧力がない「インクルージョン」をどのように実現するか。それぞれの「障害の文化」と、一般社会の文化の共存をいかに創り出すか。このような問いに答える社会学や社会福祉学、「障害学」などは、障害者運動や実践と協働して多様な研究を発展させる必要がある。

「障害者自立支援法」という、障害者の「自立と共生」を実現しようとする法律は、障害者から「自滅支援法」と批判されたほど問題を孕んでいた。「私たちに関することは、私たち抜きで何も決めさせない」という主張を、実現していく方法が問われている。

ゼーション理念においても社会への同化の圧力があることが批判されたが、インクルージョンは、通常の生活における個別支援付きの個性尊重の共生を目指すものである。近年では、社会的排除の問題への対応から、ソーシャル・インクルージョンが主張されるようになっているが、これはより広く「社会的に弱い立場にある人々を社会の一員として包み支え合う」社会理念として主張されている。

「自立」は、「自己決定」の尊重や支援だけでなく、「個人の尊厳の尊重」という関係のなかで実現してくることも解明されてきた。「自立」は、「愛情、尊敬、他者との連帯」（イグナチエフ）によって保たれることもある。「個人どうしが支え合い、分かち合うことによってなりたつ共同性」（濱口晴彦）としての「共生」は、「自立」を支えるものであり、この共同性が解体すると「自立」も崩壊するのである。「自立」を支え合う「共生」は、「自立と共生」を常に変質させる力として作用する「自立」社会に浮かぶ「島」として、障害者運動などが創り続けてきた。

この具体例の一つとして、「自立生活運動」がつくり上げた、ILセンターによる「自立と共生」があるのではないだろうか。その財政的基盤を国や自治体、他の住民がどこまで認めるか。どのように認めさせるか。そして、どのように維持・発展させていくか。それこそが、新しい「自立と共生」の一つの模索である。

自己決定できる重度身体障害者が発展させた「自立生活」モデルを、知的障害者や精神障害者にどのように活用するか、これも今、模索されている。そして、「健全者」といわれる人びとも、「自立生活」モデルから貴重な示唆を受けて、能力主義の競争社会と孤立生活化を改革していく道の模索を障害者とともに開始している。

第六章

自立と共生：性別を超えて

一　性別は超えられるか

多くの人びとにとって、女／男という性別は自明、かつ不動であり、疑いを挟む余地もないものであろう。自らを「女である／男である」とみなすことに苦労を覚えることもなく、物心がついたときから生を終えるまで過ごすだろう。「女である／男である」ことにより生きる困難を覚えたとしても、自らの性別への認識がゆらぐことは、ほとんどないだろう。それゆえ現代社会において、性別とは実に強固なものであり、いかんともしがたいものだと認識されがちである。

のっけからこのような物言いをすると、「今、性別を超えようとする人は、性同一性障害として性転換手術を受けることもできるし、戸籍の性別も変えられるようになったではないか」と反論を唱える人も少なからずいるだろう。

だが筆者は、現在の社会において、女／男といった性別それ自体は、社会的に超え難いと考えている（詳しくは後述する）。それにもかかわらず、本章のようなテーマを論じるのは、現在の性別に関する状況は問題を含んでおり、改善されるべきだとの認識が、人びとの間でそれなりに共有されているからである。

よって本章では、まずそもそもの出発点、すなわち性別の問題化がどのように行われてきたかについてごく簡潔にあらわし、つづいてなぜ筆者が性別は超えられないと主張するかについて、社会学の視点から論じたい。最後にまとめに代えて性別における自立と共生について考えたい。

だが性別が超え難いものだとしても、それを理由にして、性別により不利益を蒙る人びとをないがしろにしてはならないだろう。本書の「自立と共生」のテーマは、近代の幕開けにあたって、人びとが夢想し実現しようとした社会の延長線上にあり、極めて今日的な課題だと考えられるからだ。性別そのものは超え難いという現状認識を抱きながらも、性別によって処遇に格差があり、不利益を蒙る人びとがいるならば、これを是正する構想が求められているといえる。それは決して容易ではないものの、わずかずつであっても是正の推進を企図することは意義がある。

近代社会
　ここでは啓蒙思想の浸透、封建的身分制度の崩壊、産業革命などをほぼ同時期に迎え、それを契機として社会が大きく変わった西洋諸国家の社会のあり方を近代社会の始原としてとらえる。この近代社会の幕開けは世界同時進行ではなく、その時期や発現のしかたはその地域によって異なるため、注意が必要だ。

二　性別の問題化

性別は自明のものとされやすい。だが性別のあり方にはさまざまな水準から疑義が差し挟まれ、問題化されている。

今日では性別にまつわる諸問題は、主に「ジェンダー」の名が冠され議論が行われている。加藤秀一によれば、ジェンダーの用法は大別して四つあるという（加藤二〇〇六）。それらは(1)性別そのもの、(2)自分の性別が何かという意識（ジェンダー・アイデンティティ、性自認）、(3)社会的に作られた男女差（ジェンダー差、性差）、(4)社会的に作られた男女別の役割（ジェンダー役割、性役割）である。

性別の問題化の歴史は、フェミニズムが歩んできた歴史の概観により、おおよそは明らかにできるだろう。だが豊潤なフェミニズムの軌跡を本章で辿るのは不可能であるから、ここではわずかな基本事項を確認するにとどめたい。

今日私たちが経験する性別のあり方は、近代社会の幕開けに始原が求められている。それは女に不利なものであり、当時より女は異議申し立てを行っていた。もっとも異議申し立ては近代以前より行われていた形跡が認められるという（竹村和子二〇〇〇）。だが、身分制度の崩壊や、産業や労働の変化、性別役割分業の進行と、それにともなう女の状況は近代特有のものとされることから、さしあたり近代と前近代とは区別されている。

近代社会はその成立に際し、啓蒙思想の掲げる個人の自律と平等をその精神としたが、この恩恵を享けたのは、まず男であって、かの有名なＪ・Ｊ・ルソーにおいては封建的身分制度の不平等さを告発する一方で、女の劣性を説いたという。

一八世紀後半頃より興った女性運動は、平等を謳いながらも人間に優劣をつけるという、啓蒙思想に内包された矛盾に抗する主張が行われた。むろんそれは女の権利と平等の要求の主張であった。この要求は大枠において今日のフェミニズムと変わりないが、当面の目標という点で検討すると、当時と現在とは異なっている。当時から、多くの問題は表明されたものの、まず第一の目標として参政権の獲得が選択されたというエピソードがある。ここから、当時より「女」といっても一枚岩ではなく、利害は必ずしも一致しないといった葛藤を読み取ることができる。当時の運動は英米では一八六〇－八〇年から一九二〇年代まで続き、今日のわれわれはその運動を第一波フェミニズムとよんでいる。

つづく第二波フェミニズムは一九六〇年代後半が起点となる。第一波フェミニズムは参政権という制度の確立を第一の目標に据えたが、第二波は制度のみならず、制度を支えている人びとの意識さえも問題化する方向へと進んだ（竹村和子、同上）。

第二波においてはさまざまな立場が屹立した。ラディカル・フェミニズム、マルクス主義フェミニズム、エコロジカル・フェミニズム等々であり、場合によっては各々から異なった問題提起が行われた。(＊1) 第二波におけるこのような展開は、とりもなおさず女という同一のカテゴリーに属していても必ずしも利害は一致しないことを表しているといえよう。

また問題化は、女からのみではなく、男からも行われるようになった。第二次フェミニズムが立ち上がる頃からである。メンズリブや男性運動といったものがそれにあたる。そこでは近代社会は男性の優位性を帯びているとされながらも、男にもまた性別による桎梏があるのだとする主張が行われている。

よって今日では女／男を問わず性別のあり方が問題とされているといえるだろう。ところが一方で女／男を問わずこれを問題としない人びと、つまり現在のあり方にメリットを感じる人びとがおり、それらの人びとがこのあり方を支えているのだと指摘しておかなくてはならないだろう。

三　性別とは何か

それでは性別とは何か。

それが超えられるか否かを検討する前に、性別に関する今日的な考え方について述べておきたい。

私たちの社会において性別といえば通常、二元化されており、すなわちそれは女と男の二つをさし、他の性別はないとされている。多くの人びとにとってこれは自明だとされるが、これを疑いはじめると迷路が待ちかまえている。これは第二節で提示したジェンダーの用法が四つもあることと緊密に繋がっている。

性別に関する専門的な書物をひもとくと、性別には三つの水準があるとする議論をたいていは目にすることになるだろう。それらは⑴生物学的な性別であるセックス、⑵社会・心理的な性別であるジェンダー、そして⑶性的指向性であるセクシュアリティである。今日でも目にするこの三つの水準は、一九九〇年代に入り社会構築主義という別の視点から見直されてもいるが、これらの水準のすぐれた点は、女と男の違い、すなわち性差をすべからく身体へと還元しようとする方法と決別して、身体と精神、そして欲望の性別へと区別し、それぞれ別個に論じる道を拓いたところにある。だが各水準相互の独立／関連を問われると、それには満足な回答ができなかった。たとえば女らしい／男らしい気質とは、脳の作りやホルモンバランスが関与しているのか、それとも小さい頃の躾によって形成されるのかというような、いわゆる「氏か育ちか」の問いかけが行われても、答えられなかったのである。

社会構築主義

社会構築主義とは、簡潔にいえば、ある概念やものの見方、考え方などは歴史的・地域的に固有のものであり、それらは社会的に構築されたものだとする視点である。社会心理学者であるヴィヴィアン・バーによると、社会構築主義には単一の定義はなく、いくつかの鍵になる諸仮定のうち一つ以上をもつアプローチであるならば、おおまかに構築主義に分類可能だと述べる(ヴィヴィアン・バー 一九九五＝一九九七)。その仮定とは、以下の四点である。

一、自明の知識への批判的スタンス
二、歴史的および文化的な特殊性
三、知識は社会過程によって支えられている
四、知識と社会的行為は相伴う

　また、バーはこのような諸仮定には伝統的な心理学および社会心理学とは対照をなす特徴が含意されていると述べ、その特徴を以下の7点であるとした。

一、反−本質主義
二、反−実在論
三、知識の歴史的および文化的な特殊性
四、思考の前提条件としての言語
五、社会的行為の一形態としての言語

　その後一九九〇年代に入り、この三つの水準でとらえようとする方法に異議が唱えられた。それは、生物学的な水準に対して疑問を呈す形で行われた。すなわち普遍の真理のように語られる生物学的な性別だが、生物学を含め学問はすべからく人びとの営みであるがゆえに、完全に超越的な視点に立って論じられないとする見地からの異議であった。この見地からの代表的な論者のひとりにＪ・バトラーが挙げられる。バトラーは生物学的な性別であるセックスとは、実は社会的に構築されてきたものであり、セックスもまたジェンダーのうちに含まれると述べる（Ｊ・バトラー　一九九〇＝一九九七）。

　このような見地にもとづいて、加藤は生物学的な性別の詳細な検討を行っている（加藤、上掲書）。一口に生物学的な性別といっても、少なくとも性染色体型／性腺の形態／外性器の形態という、三つのレベルからとらえられると述べる。ところがこの三つのレベルの組み合わせは、女用／男用のセットといったような二パターンにおさまらず、多くのバリエーションがみられるという。さらに各レベル内においても二元化はされていないという。たとえば性染色体は、女はＸＸ、男はＸＹだとされているが、実際にはＸＸＸ、ＸＹＹ、ＸＯ等々のバリエーションが存在するのだ。だが性別とは女と男の二つしかないとされているため、ＸＸ、ＸＹ以外のバリエーションは異常や逸脱だとされてしまう。

六、相互作用と社会的慣行への注目

七、過程への注目

つまるところ、生物学における性別の規定の方法とは、まず性別は女と男しかないという前提に立ち、その前提に従って生物学的な諸特徴を規則的なものへと配置し分類することであり、人為的・社会的な営為、──社会的に構築されたものに他ならない。よってセックスとはジェンダーなのであると。私たちは「自然」というものをとらえようとしても、それを純粋かつ直接的にとらえることは不可能であり、人びとの間で作り出されたなんらかの方法でとらえざるをえないのだ。その方法のひとつが生物学をはじめとした自然科学なのである。

性別そのものは社会的に構築されたのだと述べると、ならばそれを解体する方向へと社会を構築していけば、超越可能な社会を創生できるとする考えも起こって不思議はないだろう。無論、これは論理的には可能である。あるいはラディカルに考えを推し進め、真の性別などはないのだといってしまうことさえもできるだろう。だが現時点で近い将来にこれが実現可能なのかといえば、不可能だといってよいだろう。なぜならば、現在の社会において、性別にここまでの厳密さを求める人びとはあまり多くなく（H・ガーフィンケル　一九六七＝一九八七）、それは今行われている性別のあり方や規定の方法に、問題を覚えなかったり、メリットを感じているからだと考えられる。

四　性別は超えられるのか

第三節で示したように、私たちの社会において、女／男の二元的な性別、そしてそれに沿った制度や社会のあり方は、根拠において実に曖昧なままでありながら、確固たるものとして存続し続けているといえる。第二節で取り上げたジェンダーの用法のうちの⑴性別そのものを検討し、一番の根拠とされる生物学的な知見の矛盾を突いたところで、今日もなお性別の二元制―すなわち⑵自分の性別が何かという意識、⑶社会的に作られた男女差、⑷社会的に作られた男女別の役割機能といった社会的な性別のあり方―が機能し続けていることに変わりはない（もちろんわずかながらでも変化があることを見逃してはならないが）。このことからも、性別とはまさに社会的なものなのだといえる。

性別の社会性を考える際に、重要な手がかりを与えてくれる人びととして、性別を超えようとする者たちがあげられる。今日ではトランス・ジェンダーや性同一性障害者などの言葉によって指し示されるこれらの人びとの、性別を移行しようとする企てそれ自体が、性別への執着をあらわしているといえる。性別に執着していないのであれば、わざわざこれを移行しようとする必要などはないのである。これは私たちの社会が、⑵自分の性別が何かという意識をもつことを個人に強く要請している表われだともいえる。

H・ガーフィンケルの著名な論考「アグネス、彼女はいかにして女になり続けたか」では、女から男へと性別移動を企図するアグネスとのやりとりについての考察が詳細に論じられている（ガーフィンケル、上掲書）。

ここでアグネスは、どうであろうと自らを自然な女だとする信念を有しており、この点においてはどこまでもいわゆる「正常人」と同じ態度を共有していたとガーフィンケルは観察している。ところがガーフィンケルは、アグネスと「正常人」たちの間には、ある重要な相違があると指摘する。正常な人たちは、考え込むことなしに自分が女だと主張可能なのに対して、アグネスは自分を当たり前の女だと主張しても、周囲の人びとがそれに同調するか見当がつかず、それゆえ絶えず周りにアンテナを張りながら、熟慮を重ね、さまざまな工夫を盛り込みその主張を支えていかなくてはならなかったのだという。

このガーフィンケルの観察において、自然な女やあたりまえの女であると主張しながらも、水面下で工夫を重ねなくては女でいられないととらえているアグネスの態度は、実に興味深いといえる。それというのも、工夫が必要とされる理由や、どこを工夫すべきかを当のアグネス自身が規定していると考えられるからだ。そして

ロマンティック・ラブと近代

私たちが今日経験するロマンティック・ラブとは、予想もつかない方向へと暴走するものではなく、恋人関係や結婚へと結びつくようなものであり、それは近代特有のものであるとA・ギデンズは『親密性の変容』（ギデンズ、一九九二＝一九九五）において

これらの作業からアグネスが手を引いたとたん、アグネスは女ではなく、男と見なされてしまうと恐れているのだ。

アグネスの事例は、私たちに性別そのものを超えようにも困難であることを、まさに示唆してくれている。皮肉なことに、性別を超えたいと望む者ほどその困難さを認識するともいえるだろう。

性別を超えようとする者たちがこのような認識にある一方で、これらの者たちを眺める人びととの存在を忘れてはならない。そしてこれらの者たちを眺める人びととは、性別を超えようとしない者たちだけではなく、当の超えようとする者たちも当然含まれる。後者の者たちもまた、ガーフィンケルが指摘した通り、いわゆる「正常人」と同様の常識的な知識をもっているのである。

とはいうものの、私たちは日常、性別を弁別する行為を自覚的に行ってはいない。たとえば私たちは、恋愛をするときに自覚的に相手の性別を選択したりはしない。恋に落ちるときの多くは、瞬間的なものであり、すなわちそれは一目惚れとよばれるものだったりするのだ。一目惚れもまた、実に社会的な行為だといえるが、一瞥のうちに私たちは、相手の性別を瞬時に捕捉した上で、恋愛の対象となるか否かを振り分けているのだといえる。

また恋愛以外の場面においても、私たちは日常的なさまざまな他者との出会いの

述べている。ロマンティック・ラブの始まりとは、即座に相手に魅力を感じること、つまり一目惚れが多いが、そこには相手とどのような関係を築いていきたいかという物語性が含まれているのだとギデンズはいう。

なかで、ごくごくなにげなくオートマティカルに性別を弁別しているのだ（むろん、このような弁別は性別に限ったことではなく、さまざまな人の属性について行われるのだが）。そして日常生活を送るなかでの弁別にあたっては、前節で取り上げたような生物学的な諸特徴は手がかりにできない。他者の性染色体型／性腺の形態／外性器の形態などは、出会いの際には皮膚や衣服の下に収まっており、判断の材料とはなりえない。つまり性別を弁別する際の手がかりとなるものは、服装や髪形、身振りや手振り、話し方や声のトーンなどといった表象のされ方なのであり、それらは微細なレベルでみれば個人差は当然あるものの、社会的に規定されたものなのである（鶴田幸恵　二〇〇四）。そしてこれら表象される性別に関する諸特徴をなげうって人びとの性別を将来的に無効化していこうとするのは理屈の上では可能であるし、この方向性を性別のあり方の将来像のひとつとして想定できるが、それを近い将来に実現できるとするのは非現実的である。

五　性別にもとづく利害共有の不可能性

よって性別を超えることを論じるにあたっては、性別それ自体を超えようとする角度よりも、別の角度からこれを超えようとする方が適切であるといえる。

本書のテーマである自立と共生というテーマに則すならば、女／男といった性別にかかわらず同等の処遇が受けられる社会の実現はいかにして可能かといった視点が適切だと考えられよう。これはジェンダーの言葉の用法のうちの⑶社会的に作られた男女差、⑷社会的に作られた男女別の役割、の是正に該当する。

このような視点を提示した途端、次のような問いを発する人もいるだろう。女の方が不利な社会であるといわれるが、それは本当なのかと。[*2] あるいは女であることが有利に働くこともあるではないかと。

この問いに説得力をもたせるような例はいくつもあげられるだろう。社会的な地位や経済状況など、客観的に評価できる指標を用いて、すべての男がすべての女よりも有利な状況にあるとはいえないだろう。個人レベルでみれば、男よりこれらが有利な女は当然いる。とはいうものの、全体的な傾向としてみると、やはり女に不利な社会であることは否定できない。

ただ、当然のことながら、これらの客観的な指標だけで、女だから／男だからという性別を根拠にした有利・不利の判断は困難である。たとえば職業に就くことを希望しながらも叶わず、専業主婦にならざるを得なかった女と、職業に就くことを希望せず、専業主婦であることに満足している女とでは、同じ境遇であっても、後者の方が女であることが有利に働いているともいえる。

ところで日本における性別役割分業は、とりわけ高度経済成長期を通じて促進されてきたともいわれている。だが、高度経済成長期やそれ以前においても、性別によって偏りはあったが職業をもつ女はいたし、一九八六年から施行された男女雇用機会均等法によって、実態は均等とはいい難いものの、女と男は同じ条件で雇用されることが法的に保証された（二〇〇七年に改正法が施行）。これによって、学卒後正社員として企業で働く男と同等の仕事を希望する女から、結婚や出産を機に専業主婦を希望する女にいたるまで、女の立場はさらに多様化し、性別にもとづく利害の共有は一層困難になったといえるかもしれない。そして男もまた高度経済成長期においては、自らの収入のみで（あるいは配偶者がパート労働で得た若干の収入を加えることによって）配偶者や子どもの扶養が比較的容易であったが、バブル崩壊後の雇用状況の悪化や、雇用形態の変化によって、容易さが失われつつある。その結果、配偶者である妻の就労については、当事者の本意／不本意を問わず、これを是とする傾向が高まったのではないだろうか。よって、戦後の日本が築き上げてきた性別役割分業は、わずかながらではあるがほころびを見せはじめ、変容しつつあるといえる。女だけではなく、男にとっても意識や生活スタイルを検討せざるをえない状況が到来しているといっても差し支えないだろう。

六　性別を超えようとすることと自立・共生

このような性別による利害の共有の困難さは、フェミニズムのように女というカテゴリーを用いて、性別による抑圧や力関係の不均衡、特権を指摘し、これを是正することによって平等な社会の実現を目指す者たちの目には、超えがたい障壁として映っているかもしれない。

だが女／男というカテゴリーによって利害が収斂しないことは、フェミニズム本来の目的において、決して障壁とはならないと考えることもできるだろう。なぜならば女／男同士の利害の不一致は、むしろ人びとを性別から離れた個人という視点で見直すきっかけを与えてくれるともいえるからだ。性別を離れて、他者に依存することなくひとりの人間として生きていける状況、すなわち自立可能な状況を作り出し、これを保証することが個人単位で実現されれば、それは当然女／男の性別を巡る問題の解消に結びつくといえるからである。

それには雇用の仕組みや社会保障をはじめとした制度の確立が必要とされるだろう。無論、自立可能な状況を作り出すことは、性別役割分業の解体にも結びつく。男を正社員として終身雇用し、その配偶者や子どもを扶養するという日本型の雇用慣行の存続が困難になってきた現在の日本において、たとえばヨーロッパのいくつかの国で実施されているワークシェアリングなどは、このような制度の確立への手がかりのひとつとなるかもしれない。

だが一方で、現在の性別のあり方に肯定的な人びとがいることも忘れてはならない。個人の自立を支持する者たちは、制度の策定を図るにあたって、これら肯定的な人びとにたいして、性別役割分業の解体と個人の自立の推進について説得的な立論が要請されるといえる。

また個人が自立可能な社会的基盤を形成することは、分業を抑制することとは繋がらない。なにも性別にもとづかなくても分業は可能である。A・ギデンズは『親密性の変容』の冒頭において、今日、女は、歴史上初めて男性との対等な関係を要求していると述べ、女と男のより対等な関係の実現を現代社会における課題の一つとみなしたときに、同一ジェンダーである同性カップルの関係のあり方が重要な手がかりになるという（A・ギデンズ　一九九二＝一九九五）。なぜならば「同性愛者たちは、伝統的に確立された婚姻という枠組みをもたずに、相対的に対等な立場で相手と『折り合って暮らして』いかなければならなかった」からである。まさに同性愛者たちは折り合うことを通じて、性別にもとづかない分業を築き上げ、共に生きてきた、つまり共生してきたといえるのだ。言葉だけをみると、自立と共生とは相容れないような解釈も可能だが、必ずしもそうではない。性別における自立と共生を考えたときに、共生とは自立を妨げるものではなく、むしろよりよい自立を可能にするための分業を指し示すのだと考えることができる。

ところが、このような制度の確立の提案は、扶養なくしては生きていけない子どもや、諸事情から職に就くことのないホームレス、また他者からの援助なくして生活が困難な高齢者などについての考慮が少ないとする向きもあるだろう。これらについては本書の各章において議論が行われているゆえに、そちらをお読みいただき、現代社会における自立と共生についてさらに考えを深めるヒントとしてくだされば さいわいである。

〈註〉

（＊1）これらの詳細については江原由美子・金井淑子編の『ワードマップ　フェミニズム』を参照するとよいだろう。

（＊2）たとえば赤川学はこのような女にとって不利な社会という言説が、フェミニズムを支持する論者によって唱えられてはいるものの、それが実証的に明らかにされているとは言い難いと主張している（赤川学　二〇〇六）。

第七章

ホームレスの自立と共生

一　社会から離脱した（あるいは排除された）存在

社会は多様な人びとによって構成される。年齢、性別、民族、国籍、障がいの有無など属性も多様であり、一人ひとりの志向するライフスタイルや社会のなかで取得する地位や役割も多様である。社会は少なくとも二人以上で成り立っており、そこに社会的な分業が生じ、それぞれの個人はなんらかの社会的役割を担っている。

個々人は他者との関わりを通して成長することができ、また他者への影響力をもつこともある。社会のなかの一人ひとりは、相互の影響関係を通じて、一種の相乗効果を帯びつつ発達し、そうして社会自体も発達していく。社会が同類の人間ばかりで占められていたならば、相互のコミュニケーションは停滞し相互に認めあい学

社会的資源
　大別すると、物質的資源、関係的資源、知識・情報資源に三分類できる。社会階層を分析するのに有効な社会学的指標。物質的、経済的な資源以外の資源にも、注目するところに特徴がある。近年、関係性の窮乏も重要な社会テーマとなっている。

びあう機会も失われるだろう。そうなると、社会はまったく面白みのないものになるであろう。それゆえ社会は、多様な個々人が集まって、相互行為をするからこそ、豊かであるといえる。

　このような多様性を本旨とする社会において、その地平から淵においやられようとしている存在がある。その社会の淵に留まっていれば再び地平の安定した場所に引き入れることもできるが、そのまま淵から押し出されてしまえば、この地平から跡形もなく消し去られてしまう。そのような周縁におかれているのがホームレスではないだろうか。

　社会には、物質的資源、関係的資源、知識・情報などのさまざまな生活の資源があり、人びとはこれを活用しそれぞれの人生を織り成している。こうした社会的資源をどのようなパターンで活用するかは、個々人の自由であり自己決定による。

　ところで、社会的資源の一部は、社会における地位と役割に応じて配分される。こうしたなかで、生活するのに必需の社会的資源でありながら、その配分をきわめて希少しか受けられない、あるいは極端な話、ほとんど受けられない人びとがみられる。そうした人びとが多くなれば、集団となり社会階層として下層に堆積する。

　社会には、主として物質的資源の保有状況から分類された、社会階層が生まれている。まったく平等な社会というのは想定しにくいから、社会には、主として経済的な側面において、豊かさの諸階層が生じているのである。

豊かさの相対性において、豊かな層（上）、中間層、貧困層（下）が分けられる。中間層のシェアの分厚い社会（たとえば一九八〇年代当初までの戦後日本）では、上、中の上、中の中、中の下、下という五分類ぐらいが妥当であった。しかしながら、階層の分化が進み、上下の格差の隔たりが大きい格差社会においては、上層の上にさらに「上の上」、下層の下に「下の下（極貧）」がうまれる。この下の下に位置づけられるのが、ホームレスである。下の下に位置する階層は、通常の安定した生活が営めない層である。通常の衣食住の確保が難しく、通常の生活をおくる安定した収入も安定した住居の確保も難しく、それゆえホームレスとなることを余儀なくされた人びとである。通常の生活の枠から外れれば、生存の機会は限定され、場合によっては生命の危機にまで及ぶ。

中間層
階級社会から階層社会へ移行したことを考察するのに有効な概念。資本家と労働者の間に、自営業層（旧中間層）やホワイトカラー層（新中間層）などの中流意識をもった階層がみられる。これが中間層。中間層が上下分解し希薄化すれば、階層社会は階級社会に近くなる。

二　ホームレスとは何か

ホームレスは二つの意味をもつ。屋外で居住する状態を指す場合と、そういう状態に置かれた人びとのことを指す場合とである。屋外で居住する状態のことをホームレスネス（homelessness）、そういう状態にある人びとのことをホームレスピープル（homeless people）という風に表現すると分かりやすい。

　ホームレスの人びとの数について、限定的にカウントする定義と広くカウントする定義とがある。狭義は上記の通りだが、広義には、屋外に居住する人のみならず、社会施設（病院、矯正施設、一時的に入所する福祉施設等）の入所者のうち施設を出た後に住む場所がない人、ホテル・旅館など居住の契約のない場所に住む人、軒はあるものの劣悪な質の住居に住む人、現在の住居から近々出ることを余儀なくされている人などを含む。端的にいえば、不安定な居住条件や、劣悪な住居に住む人が含まれる。

図７　ホームレスの定義

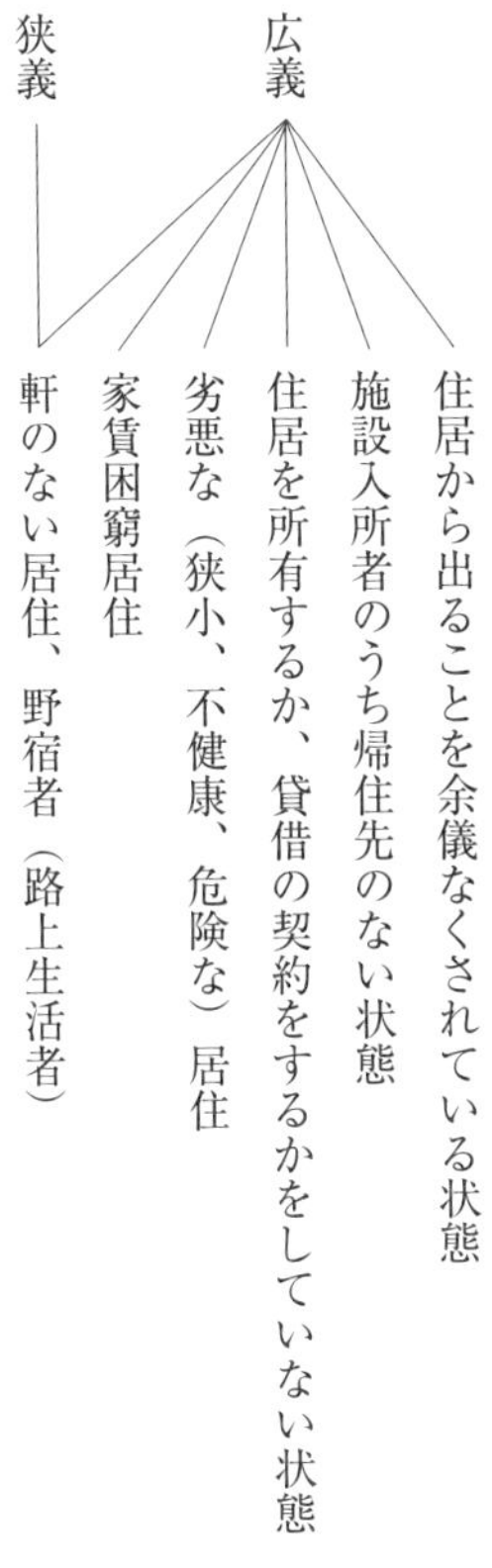

(1)　ホームレスとなる要因一：市場からの離脱・排除

ある社会の成員は、その社会が達成している豊かさの恩恵を応分に受けてしかる

ホームレスの定義
　本文に示した通り、広義と狭義がある。イギリス、スウェーデンなど、ヨーロッパ諸国は、主として広義の定義をとり、対策を進めている。日本政府は、ホームレス自立支援法（ホームレスの自立の支援等に関する特別措置法、二〇〇二年）で、狭義の定義を採用し対策をとっている。

べきである。最低限度の生計を営むことや安定した住居を確保することは、社会が保障していることである。しかしながら、ホームレスの場合は、通常の生活を確保できていない、いわば例外的な存在である。

社会の最下層に位置しホームレスとなった人びとにとって、そこに至ったいきさつや社会的要因は、どのようなものであろうか。第一にいえることは、その社会で成立しているマーケットから離脱したか、そこから排除された人びとであるということだ。

通常の生活を送るには、まず物質的な条件として、定期的な収入と住居が必要である。しかしながら、就労人口にある者のうち一部は、労働のマーケットから除外されてしまう。住居を確保するためには、資産としてそうした資源を保有ししかも保有の経費を調達できるか、もしくは借用した住居空間を契約の上からも、費用の上からも維持できるかが決め手となる。住宅を使用し続ける条件を満たすことができなければ、住宅の市場から除外されることになる。マーケットから排除される状態が続けば、人びとはホームレスとならざるをえない。少なくとも、そうした危機的な状況に追い込まれる。

労働マーケットや住宅マーケットの状態やあり方次第で、ホームレス問題はいっそう深刻となる可能性がある。労働マーケットにおいて、失職の可能性が高い非正

派遣労働

企業に直接雇用されるのではなく、派遣会社との契約で、企業に派遣される労働形態。企業にとっては、直接雇用することなく人材調達ができる利便性がある。日本政府は、一九九〇年代末から二〇〇〇年代前半に、規制

緩和により、適用業種を大幅に拡大した。

規雇用のシェアが拡大する場合が典型である。多くの人が、常雇の職に就けずに、有期限雇用や派遣労働やパート・アルバイトで生活することになり、その結果ホー

喫茶室

ネットカフェ難民、バーガーショップ難民

高度成長期の不安定就労層の代表は建設日雇い労働者で、その人たちが集住する寄せ場での事実上の住居は簡易宿所（通称ドヤ）という素泊まり旅館であった。一方、現代の若年・中年の不安定就労層のねぐらは、それよりも劣悪である。なぜならば、旅館のカテゴリーにも属さない、漫画喫茶やネットカフェという空間が居場所であり寝場所だからである。百円の単位でしか費用を捻出できない人は、百円バーガーの店内でつかの間の休息をえる。いうまでもなく、睡眠をとれる環境ではない。

ホームレス化を促進し、決定づける要因は他にもある。社会で成立している商業活動というマーケットシステムのなかには、トラップ（罠）のような仕掛けがある。高利貸しやクレジットによる生活破綻や、ギャンブル、飲酒、薬物などのアディクション（嗜癖）による生活破綻である。社会には、人びとの嗜癖を促進する産業も存在するので、その結果、生活破綻に追い込まれる人たちはホームレスとなる。一方、就労年齢に至らない子どもの場合は、保護者の影響を受ける。保護者が不在であったり、健在であっても生活困難であったり、虐待の加害者であったりすれば、子どもホームレスとなる危機を迎える。保護者の生活状態は、まず労働や住宅市場の影響を受ける。このようにして、ホームレス化の要因は、市場からの排除ないしは市場からの離脱である。

簡易宿所（簡易宿泊所）

旅館業法上の業態のカテゴリー。ホテル、旅館、簡易宿所の三分類のうち、簡易宿所は、設備要件がいちばん低いランク。二〜三畳程度の個室や、二段式や三段式のベットを組み合わせた大部屋などがある。建設日雇い労働者や港湾日雇い労働者が集まる寄せ場は、しばしば簡易宿所街(通称ドヤ街)といった特徴をもつ。ちなみに、ドヤとは、「宿(やど)」を転倒させた業界用語。

ムレスは増加するであろう。ホームレスとなる一歩か二歩手前の不安定就労人口が肥大化するからである。住宅の市場においては、家賃が高騰すればするほど、ホームレス化の可能性は高くなる。住宅を保持するための経費の調達がいっそう困難となるからである。このようにして、その社会で成立している労働や住宅のマーケットから除外されることが、ホームレスとなる有力な要因となる。

(2) ホームレスとなる要因二：関係からの離脱・排除

ホームレスとなる要因として第二にあげたいのは、関係性からの離脱・排除である。ホームレスへと至る過程では、社会的孤立の状態となる場合が多い。社会的に孤立するゆえに、私的救済や互助的救済を受けられず、また公的救済を受けるまでの支えをえられずに、ストレートに路上へと至るのである。

人びとは、社会的分業のなかで仕事をえて、地位と役割を取得する。しかし失業状態にあれば、収入が途絶えるのみならず、関係性という資源も途絶えてしまう。関係性の資源は、職場だけとは限らない。しかし、家庭でも地域でもその他の交友関係においても関係的資源がえられなければ、人は関係的資源の枯渇状態に陥る。ホームレス問題において、物質的資源ばかりが注目されるが、じつは関係的資源の枯渇という状態こそが、もう一つの深刻な問題を意味している。

喫茶室

一九八一年、マザー・テレサは、日本の貧困の救済のために、来日し、東京山谷での救援活動に従事した。経済的に発展途上のインドから、日本の何を救済に来たのであろうかが注目された。マザーは言った。「日本人はインドのことよりも、日本のなかで貧しい人びとへの配慮を優先して考えるべきです。愛はまず手近なところから始まります。」以下はマザーの語録である。「この世の最大の不幸は、貧しさや病ではありません。だれからも自分は必要とされていないと感じることです。」（一九五二年）

人は他者から必要とされることでしばしは自分の存在理由を見出す。必要とされないことは不幸である。同様にして誰からも愛されないことも不幸である。必要とされないこと、孤立していること、愛情を受けた経験がないこと、こうした点は、関係性からの排除である。誰からも必要とされていない孤立状態は、ホームレスへと導くのみならず、自殺へと導く可能性もある。

(3)　ホームレスとなる要因三：社会保障・社会福祉制度からの離脱・排除

ホームレス化の第三の要因は、各種の社会制度からの離脱・排除である。第三にあげたものの、これが社会的に最も重要な要因である。なぜならば、国家は、国民の基本的人権が損なわれないように、社会保障システムを構築し、有効な福祉施策

生活保護法
憲法第二五条（健康で文化的な最低限度の生活を営む権利）を根拠にもつ法律（一九五〇年制定）。生活困窮状態にある国民のうち、他の制度で救済されることのない者について、国家が責任をもって、無差別平等に、最低限度の生活を実現できるように扶助することを明記している。

をとることを使命としているからである。

一九世紀以降、とりわけ第二次世界大戦後の近代国家は、経済の活性化を奨励しつつも、国民の最低限度の生活を保障することを国家の責務としてきた。企業や個人の収益に応じて徴税し、その税収を元手に社会的施策を講じることこそが、国家が政治的に果たす重要な価値の再分配機能である。第二次大戦後に制定された日本国憲法も、基本的人権の保障を国家の責務とした。最低限度の健康で文化的な生活の保障を明記した憲法の二五条を根拠に、生活保護法も制定された。

基本的人権の保障は国連のスタンダードでもある。国連は国際人権規約A規約と、B規約を制定し、各国に批准を求めている。B規約は自由権的人権の保障を、A規約は社会権的人権の保障を内容としている。この社会権的人権の中に、住居のない状態のことを人権の損なわれた状態と定義し、迅速な対策を講じることを加盟諸国に求めている。日本も他の多くの諸国と同様に、A、Bの両規約を批准している。

日本国憲法と国際人権規約の内容から判断して、日本において、ホームレスが多いということはありえない。それにもかかわらず、ホームレス状態にある人は、社会的諸制度から離脱したか排除された存在なのである。

一方、国家は数々の社会保障の制度をつくり、人びとの生活設計を安定させる。日本では、医療保険、失業保険、介護保険、老齢年金の四つの保険制度を設けて、一人ひとりの人生生計を安定したものにしようとしている。しかしながら、この制度から離脱したり、この制度から除外されたりして、人生設計そのものが困難な階層が誕生している。こうした点こそが、社会保障制度からの離脱・排除の問題である。

欲求段階説
人間の欲求は、5段階のピラミッドを形成しているとする、アブラハム・マズロー（一九〇八－一九七〇年　A.H. Maslow）の学説。五段階は、基盤的なものから、①生理的欲求、②安全の欲求、③親和の欲求、④自我の欲求、⑤自己実現の欲求。基本的な欲求が満たされれば、人間は、自己実現という最高次の欲求の実現に向かう。

(4)　ホームレスとなる要因四：生命（生きること）からの離脱・排除

A・H・マズローは欲求段階説のなかで、第二の欲求として安全への欲求をあげた。安全への欲求が、生理的欲求に続いて基礎的な欲求であることを示している。生命が損なわれる恐怖から逃れることは、人間が生存するための至急命題である。

通常の生活から排除されたホームレスは、市場からはじかれ、関係性の資源も乏しく、なおかつ社会諸制度からも排除されているために、ホームレス状態から脱する機会そのものが脅かされている。路上に寝ているホームレスの人びとは、あちらこちらで追い立てられる。少年のいやがらせはエスカレートし、その果ては殺人にまで及ぶ。

ホームレスを死の危機へと追いやる加害者は少年ばかりとはいえない。実行行為者が少年であっても、少年たちにしてみれば、いじめ・虐待の連鎖、あるいは社会から教唆された犯罪といえなくもない。なぜならば、少年がホームレスを無用の存在と思うのは、社会全体のホームレスに対するまなざしの反映だからである。

ホームレス化の要因は、マーケットシステムからの排除、関係性からの排除、社会保障制度からの排除であるにもかかわらず、そうしたことが認識されることなく、ホームレスに対して自己責任の結果というラベリングが付けられる。そのようにして路上生活をしていると見られるために、卑しい存在、否定してもかまわない存在というふうに扱われてしまいかねないのである。

社会のなかには、生活の困難な貧しい人がいるものだという、通常の道徳観や倫理観を伝達する大人がいないために、少年たちの差別意識が醸成され、助長されるのである。ホームレスがまるで虫けらのように抹殺されていくのは、子どもたち自身がストレスをためた結果でもあり、大人たちの差別意識を増幅した結果でもある。

喫茶室

少年たちによるホームレス殺人事件としての最初に注目されたのは一九八三年（神奈川県）である。ホームレスが殺される事件数が全国的に目立って増えてきたのは一九九〇年代の後半からである。二〇〇七年には、大学で社会学を学ぶ学生のグループが、酔った勢いも手伝って、ホームレスが寝ているテントに火をつけた（埼玉県）。この学生らは、放火殺人未遂で逮捕された。

ソーシャル・インクルージョン（社会的包摂）　ソーシャル・エクスクルージョン（社会的排除）の対義語。社会の構成員の一部を排除し、のけ者にするのとは反対し、すべての人を社会の成員として受け入れるという考え方、活動、施策のこと。ホームレスに関しては、現に通常の生活から排除されている人や排除されかねない人が、自己決定に基づいて、通常の生活を確保できるようにすること。

三　ソーシャル・インクルージョンの予備的段階：社会調査、現実を解明する手がかり

いったんホームレスになると、社会のあらゆる救済手段からネグレクトされた存在となり、住宅地域の住民からは歓迎されないために、駅周辺か高架下、アーケイド街やビルの軒下に身を置くか、大規模公園や河川敷にテント小屋を設けるしかなくなる。

本来であれば、生活困窮に陥ったとしても、社会福祉サービス等を受けられるはずである。救済施策の対象として認定され社会サービス給付を受ける前に、申請や調査という関門がある。権利の行使がすべて窓口での文書手続きにより開始される申請主義の下では、野宿をしつつも窓口に足を運ぶことがないホームレスの人びとは、調査の対象にすらならない。つまり、施策の対象から抜け落ちてしまう。行政の施策は、施策の対象を調査によりつかむことから展開するからである。ホームレスは高度成長期の長きにわたって、対象としてカウントすらされなかった。

こうして社会的にネグレクトされた対象をつかむ必要に気づき、一人ひとりカウントしはじめたのは、一九九四年のホームレス支援のボランティア団体が最初であ

る。他方で、行政がカウント調査の対象としたのは、一九九六年の東京都からである。その後、ホームレスを対象とした調査は広がりをみせていった。数を把握することから、生活の実態を把握することへ、そして社会施策のニーズを検討することへとつながったのである。政府がホームレス調査に着手したのは二〇〇二年のホームレス自立支援法制定以後である。

調査で分かったことは、まず福祉の谷間層（五〇歳から六五歳未満）の多さである。解雇等により失業すると再就職が難しい五〇歳代から年金や福祉的支援を受けやすくなる六五歳に至る前の年齢層が福祉の谷間層とよばれるようになった。次に分かったのは、就労意欲の高さである。福祉サービスに全面的に頼ることへのためらいから、健康状態に多少の困難さを抱えていても、日本社会における道徳的規範の影響もあってか、働きたいと答える人が多いのである。また、健康状態は多様でありかつ深刻であることが分かった。比較的健康な層と、腰や肩、手足に痛みを抱えている者、血圧が高く、また糖尿病、肝臓に疾患をもっている者もみられた。注目されたのは結核菌の保菌者の多さである。身体の疲弊から結核にかかりやすいものの、失業状態が続いているために健康診断を受ける機会がなく結核に気づかなかったり、気づいていても継続的な治療が受けられる環境がないという問題が判明したのである。また、歯の治療を要する人が多く、歯が悪いために消化器官にも影

ホームレスの自立の支援等に関する特別措置法（ホームレス自立支援法）

主として、ホームレス自立支援の施策を補助するための法律（二〇〇二年制定）。公園等の適正な利用の確保など、ホームレス支援とは直接関係のない条文も含まれることが、論議となった。この法律を根拠に、シェルターや自立支援センターなどの自治体の取り組みに対して、政府が補助金を支出している。立法の遅れや、補助金という枠組みであることや、一〇年間の時限立法であることが、政府の対応の消極性を示して

いる。

NPO法（特定非営利団体法）　福祉、社会教育、まちづくり、環境保護など、特定の活動を目的とする団体に対して、法人格を付与する法律（一九九八年制定）。営利を目的としない社会貢献団体が法人格を取得することにより、権利主体や契約の当事者となったり行政と連携したりするなど、活動しやすくなった。同法によりホームレス支援団体の一部は、NPO法人の認定を受けた。

響を与えていることがわかった。ホームレスの長期化は、肉体を疲弊させるのみならず、精神面に与える悪弊も大きいことも分かった。不安を訴える者や不眠を訴える者も少なくなかった。

このことから、自立生活のスタイルは、多様であるべきことも容易に想像できた。就労可能な層と、生活保護が必要な層と、両者の中間、つまり半就労・福祉の層、また、保健・医療、介護、精神のケアを必要とする層などである。

(1)　ソーシャル・インクルージョンその一：関係的資源の再構築

社会から排除されていた人びとを、再び社会のなかに受け入れようと支援を始めたのは、支援のボランティアでありNPOである。支援団体のなかには、緊急支援に重きを置くもの、人権問題や社会運動に重きを置くもの、権利行使支援に重きを置くもの、文化創造的な活動に重きを置くもの、それらを融合したものなど多様である。

一九九八年に誕生した特定非営利活動促進法（通称NPO法）により、支援団体の一部はNPO化した。これを契機に社会事業に乗り出す支援団体も出てきた。ホームレス排除問題の深刻化とともに、あたらしい諸々のボランティア団体、NPO団体も誕生した。こうした人びと・組織の活動は、分裂しかけた社会を縫合するための第一歩である。インクルージョンとは、排除した社会の再生産を意味しない、あらたな社会の統合は、多様な部分を認めあい組織再編をはかるという作業をともなうのである。

(2) ソーシャル・インクルージョンその二：住を基盤にした地域福祉ネットワークの再構築

ソーシャル・インクルージョンとは、社会のなかに受け入れていくことである。それは、ホームレス経験者の生活を通常のものにしていくことである。しかしながら、受け入れるとは、型にはまった生き方を押し付けるのではない。インクルージョンとは同化ではない。個々人の自己決定を尊重しつつ、この社会で享受すべき生活の通常の質を保障することである。その過程で人びとは、一定の役割を担いつつ、社会との関係を再編成していく。自立のスタイルは一様ではないから、選択の自由に見合った、多様な選択肢が用意されなければならない。

働いて自活する「就労自立」、働きつつ福祉支援も受ける「半就労・半福祉自立」、福祉支援を受け地域に定住する「地域自立・生活保護自立」などの多様な自立を実現するためには、安心して居住できる住居が必須である。安定した生活を取り戻すには、いくつかの過程を経ることにもなる。まず軒のある生活を取り戻すこと、次

ステップアップ・システム
第一次施設（緊急一時保護シェルター、アセスメント施設）、第二次施設（自立支援センター、就労自立などの準備活動を支援する施設）などの期間限定の施設を経由して、就労自立や定住場所へと移行（ステップアップ）していく自立支援システム。支援内容が段階的に区切られ、

いで安定した収入を確保し生計を営むこと、そして生きがいを追求し自己実現をはかることなどである。

そこで考えられたのが、路上から安定生活への移行を段階的に支援するためのステップアップ・システムである。「緊急一時保護シェルター」（応急施設）から「中間施設」（一定期間滞在する支援施設）へ、そして多様な自立のスタイルへと進むステップである。しかしこれには、問題点も指摘される。ステップアップの諸段階において、段階の移行ステップが多い分だけ、離脱するリスクも高くなるからである。そこで、ハウジング・ファーストということで、とにかく安定居住の条件を早期に達成し、次に多様な自立のスタイルや自己実現へとつなげる方法が提案され実行に移されている。

ステップアップ・システムであれ、ハウジング・ファーストであれ、両システムにとって最も重要なのは、入り口と出口である。入り口とは、路上の人びとと信頼関係を構築しサービス手続きの俎上にのるように応援をすること、出口とは安定した自立までの支援を継続すること、必要に応じて継続的な支援をすることである。言い換えれば、社会から排除されている人びとの社会再参入を応援し、一人ひとりが社会の網の目のなか（地域福祉ネットワークのなか）で安定した生活が送れるように支援することである。インクルージョンにおいて肝要なのは、通常の社会への受

機能分化している。しかし、ステップアップの途上で離脱する不安定さもみられる。

ハウジング・ファースト

住宅政策を重点に掲げ、ホームレス状態にある者を、まず第一に安定した居住へとつなげ、その後に多様な自立に向けた施策を組み合わせていく支援システム。ステップアップ・システムになじめない層のニーズに対応した施策である。個別のニーズに対応した柔軟かつ継続的な支援が求められる。

け入れと定着を応援することである。ホームレス状態からの出口はインクルージョンへの入り口である。

ところで、社会的排除が浸透してしまった社会では、相互理解と権利行使・社会サービス提供、地域社会のまちづくり的展開における、つなぎ役という資源がまったく乏しいものになってしまった。

このような状況から、ソーシャル・ワーカー（SW）を社会的に、一定の密度で配置することが不可欠である。その第一歩は、支援的ボランティア、NPO職員であったが、社会の再構築のためには、こうした担い手をソーシャル・ワーカーとして、社会的に正式に位置づけるべきである。

ソーシャル・ワーカーは、福祉事務所のケースワーカー（CW）との連携や社会福祉の専門家集団（たとえば、社会福祉士資格取得者の職能集団）との連携も不可欠である。ケースワーカーが申請手続きのチェックに重点を置く傾向が見られるのに対して、ソーシャル・ワーカーはクライアントの立場にたって社会再参入を促すので、両者の連携は建設的なものとなろう。

多様な自立を支援するには、住の保障についても多様であることが求められる。終《つい》の棲家としての、アパート、寮、コレクティブハウス、グループホームがあり、必要に応じて、相談機会、デイサービス、訪問支援（相談、介護、看護・医療）など

ソーシャル・ワーク
支援を必要とするクライアントに対する援助活動を含む、社会福祉の増進のための取り組みの総称。全米ソーシャル・ワーカー協会は、①人びとにサービスと資源を提供する人間的で効果的なシステムを促進すること、②人びとの個人的な問題解決能力や対処能力を高めること、③サービスや資源や機会を提供するシステムに人びとを結びつけること、④社会政策の発展に貢献すること、の四つをあげている。

を組合わさせることである。住を基盤とした、信頼にもとづく人間関係や、地域福祉ネットワークの構築が重要だからである。

(3) ソーシャル・インクルージョンその三：ホームレス予防、社会保障システムの再構築

ホームレス問題が深刻にならない社会とするには、予防策、つまりホームレスになる前の対策の充実が不可欠である。いま野宿している人を自立支援したとしても、社会は常に社会の淵に立つ人びとをホームレス状態への追いやる傾向をもっているから、この社会的排除の諸要因を減らす対策を施す必要がある。

社会的排除（ソーシャル・エクスクルージョン）のない社会のためには、失業保険、健康保険、老齢年金、介護保険の四つの保険システムの再構築が不可欠である。その前提としては、四つの社会保険システムのなかに、ほとんどすべての国民を包摂することである。これは、生活保護など、最終的な救済手段の必要度を軽減することにもつながり、財政的にも健全なことである。

国家の経営者は、可能な限り多くの国民を、それぞれの生涯の生活設計が成り立つように、社会保障システムのなかに組み入れるという責務を負う。国会議員や国家官僚、その他行政官がこれを怠ると、結果としてホームレスが増えるばかりでな

く、予測しがたい過分な福祉コストがかかるのである。

わかりやすい話をすればこうである。政府は、雇用条件の規制緩和を進め、企業は多くの正規雇用者を非正規雇用者へと切り替えることを促進した。企業は、労働者のなかに二重構造を設けることで人件費を減らし、つまり一部の労働者の生活を不安定化させることで企業経営の安定化を図ろうとした。しかしその結果、社会のなかに飛躍的な数の不安定就労層や失業者を生み出した。こうした人びとは、社会保障の枠外にあることが多く、将来の展望もなく福祉的支援を待機する階層である。つまり、労働の規制緩和は、将来に莫大なつけを回しているのである。

政府は、グローバリゼーションの波のなかで、企業経営を優遇し国際競争力を高めるための支援をしているが、その結果、国民の一部を容易に排除してしまう社会をつくってしまった。こうした事情は、先進諸国が、大なり小なり共通して抱えるディレンマでもある。

非正規雇用
期間を定めない雇用契約を結ぶ正規雇用と対義語で、期間を定めた短期の契約で労働者を雇う雇用形態。パートタイマー、アルバイト、契約社員、派遣社員が含まれる。終身雇用が日本の雇用慣行といわれてきたが、一九九〇年代以降、非正規雇用が急増した。

第八章

自立と共生の遠近法へ

日本人に一番知られていて、しかも歌える歌のひとつは「故郷」である。この歌は、高野辰之（一八七六－一九四七年）の作詞に、岡野貞一（一八七八―一九四一年）が曲を付け、尋常小学校唱歌として教材に用いられてから、永きにわたって小学校唱歌に採用されてきた歌なので、歌い継がれる条件をもっていた。こういう理由のほかに、この歌が歌い継がれてきたのは、歌詞の訴求効果があったからではないだろうか。

兎追いしかの山／小鮒釣りしかの川／夢は今もめぐりて／忘れがたきふるさと
如何にいます父母／恙《つつが》無しや友垣／雨に風につけても／思い出ずるふるさと

志を果たして／いつに日にか帰らん／山はあおきふるさと／水は清きふるさと

歌詞の各節の終わりにふるさとが繰り返し登場する。忘れようにも忘れがたく、自ずと思い出される、何ものにも汚されてはならない、永遠に清き場所、それがふるさとなのだと歌う。日の暮れるのを忘れて無心に遊んだ、懐かしい野山や海川、父母や幼馴染が今もつつましく暮らしを立てている苫屋のたたずまい、夕闇迫ればそこから漏れてくるほの暗い灯火が瞼に浮かぶ。志を抱いて郷関を後にしたからには、いつの日にか錦を飾りふるさとへ帰れるのか、その日の来るのを数える心の揺れに重なる望郷の思いは、日本人の近代共通体験の中枢にあった。

一九〇〇（明治三三）年前後から就労就学のため、ふるさとを離れるものが多くなる。こうした人口移動で、もともと都市であったところは一層都市化するし、都市でなかったところは都市化した。ふるさとでは、都市化はしなかったにしても、都市の工場で作った工業製品やそれらとともに持ち込まれた新しい考え方が生活に入りこみ、都市的な生活のし方が広まっていく。ふるさとは、工業化にともなう社会変動、産業構成の変化、地域社会の世代交代と山川風物の変貌の大波小波の洗礼を受け続けている。

日本の近代化の過程で、多くの日本人は否応なしにハイマートロス—故郷喪失を体験する。ふるさとという共生の基盤であった共同体が崩れていくのを体で感じて

都市化

都市化とは、産業構造の変化にともなう人口移動を主要因とする社会構造の変容である。その変容には、⑴もともと都市的なところがいっそう都市的になる、⑵都市的でなかったところが都市的になる、⑶都市的ではないが生活の仕方が都市的になる、という三つのタイプがある。では、都市的とは何か。⑴第一次産業就業人口よりも第二次、第三次産業就業人口が多い、⑵分業体系が発達している、⑶地縁血縁よりも職縁や私的な人間関係が日常生活で重みをもっている、（4）

一日完結的なライフスタイルが出来上っている、などである。

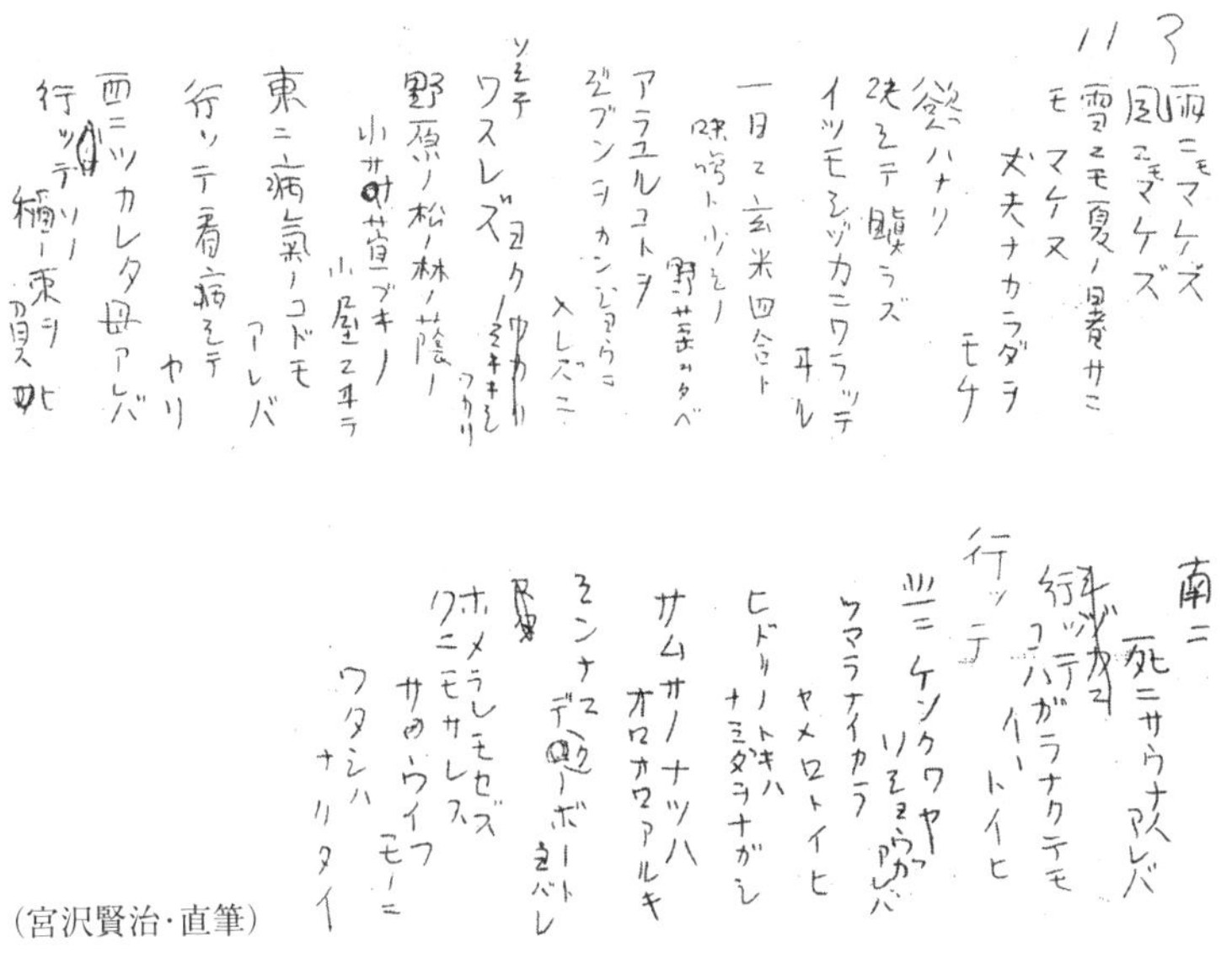
（宮沢賢治・直筆）

いる。共生の地ふるさとからいでたち自立の道へ足を踏み出したものの、異郷での足元はまだ不安定なままである。在りし日のふるさとと心のなかにあるふるさととの一体化を願って、共生再生の思いを歌っている「故郷」は、共同体の次元で自立と共生の願望と喪失の疼きをうたった歌なのである。

　もうひとつ、同じ時代背景をもっている詩、宮沢賢治（一八九六—一九三三年）の「雨ニモマケズ」をとりあげ、自立と共生をアイデンティティの側からかんがえてみよう。

この詩には自立と共生がもともとはじめから共存していて、ふたつを意図的にふたつに分けられない、ふたつがひとつになっている不思議な感興を醸し出している。こんな感覚をもつのは、志を抱いて離郷する方向に生きる術を求めず、目線を在郷のものと同じ高さにもってものごとの推移を見つめて、彼らに随伴する作者の生き方が醸し出す土の匂いなのだろう。前出の「成熟のプロセス」アイデンティティの項目にある身土不二であり、農都不二であり、老若不二である。さらに、社会的条件のステージⅢのエコロジカルエゴである。エコロジカルエゴとは自分の身の回りを狭く限らず、目線を少々高く上げ広げると見えてくるものへ、自然体で関心をもち関与する生き方を意味することばとして使っているのだが、宮沢賢治の研究者でもない素人談義であるけれども、このような読みかたからすれば、ステージⅠとⅡの境目あたりで生きていた宮沢賢治は、すでにしてⅢの域に達していたということである。

自然のもつ豊かな創造性の根もとには生命の多様性がある。したがって、地球環境の持続的発達を求めるなら、生命の多様性のもうひとつの言い方である共生に注目する必要がある。この共生の通時的な理解に加えて、共生には歴史的な次元もある。

生命の多様性

アインシュタインは、地球が滅びるシナリオとして、「熱核戦争とミツバチ」

について述べたことがある。核戦争による地球滅亡は分かりやすいが、どうしてミツバチなのか。花の蜜を求めるミツバチがいなくなると花は実を結ばなくなり滅び、その植物を糧にしていた草食動物は飢え死にし、その動物を餌食にしていた肉食動物も飢え死にする。やがて土地はやせ細る。地球は荒れはて、ひとは生きられなくなる、というのである。自然の連鎖は生命の多様性そのものである。

自然の力が人間のそれを上回っていた、そういう自然と人間そして人間同士の共生のあり方を経済外的共生とよぶとすると、人間が自然の資源を選択的に取捨して利用する、自然と人間さらに人間と人間同士の経済的共生の段階へ移行するにともない、人間は自然から自立し理性をもつようになった。このような位置の入れ替わりについて、人間の股間をいちじくの葉で隠したという故事に由来する「いちじくの葉」仮説がある。

　この仮説を唱えるのはイマヌエル・カント（一七二四―一八〇四年）である。カントは「人類の歴史の憶測的な起源」（一七八六年）で、「たんなる動物的欲望であれば、満足されるとすぐに飽きてしまうが、人間の欲望はそうはならないのである。だからいちじくの葉というのは、理性の発達の第一段階であるよりも、理性の偉大な現れを示すものにほかならない。というのは欲望の対象が知覚から隠されると、それにたいする好みはますます内的で、持続的なものとなるのである。ここに理性が衝動を支配するという意識がすでにみられる」。いちじくの葉で男女の生殖器を隠す行為に理性の存在を認め、その理性の働きによって衝動の支配を「拒むことは、たんなる感覚的な刺激を観念的な刺激に変え、たんなる動物的な欲望を次第に愛に変えるための技巧だった」のだ。さらにこの愛によって……と、カントの言説はつづく。

この仮説は、人間が自然との距離を測り、自然との共生に自立的に工夫を加えることができるようになったというのである。自立的に考えるとは、たとえば自然のなかの人間のあり方をいう生態的な共生、あるいは社会のなかの人間の生きる状態をいう共同体的経済的な共生、さらに人間のなかへの社会の取り込み方をいう選択的な共生というように、共生との遠近法を事柄に応じて創れるということである。

おわりに

自立と共生の遠近法を実際の場面—家族、働くこと、生活支援、セクシュアリティなどの分野に応用してみたのが本書の構成である。

現代川柳を代表する作家で、神戸在住の時実新子は一九九五年一月十七日早朝の阪神淡路大震災に遭遇した。そのときの体験を「平成七年一月十七日裂ける」と詠んだ。以降年が改まるごとに震災体験句を作っている。「平成八年一月十七日生きる」「平成九年一月十七日微笑」「平成十年一月十七日虚脱」「平成十一年一月十七日起立」「平成十二年一月十七日光」のように。

この大震災は地域社会を一瞬にして解体した。ひとも一瞬にして、あたかも甲羅のない蟹のように、むき出しの個としてそのような状態のなかに放り出された。時実新子は、そんな裸の個が共生を支えに自立を取り戻していく有様を「裂ける」から「生きる」をへて「微笑」へ、ふたたび「虚脱」へ陥り、やがてそこから「起立」し、「光」を見いだすにいたる行程の起伏を短く一語で掴み取る。こうして掴み取ったものの正体は、自立と共生の実相ではなかっただろうか。一九九五年が日本におけるボランティア元年と呼ばれているのは、そういう次第で大変興味深い。

自立と共生のテーマは社会学的関心のAからZまでを含んでいるので、今後も引きつづき論じられるはずだ。そのための地ならしを幾らかでもできたので、編者の責めをひとまず果たすことができたと思う。

二〇〇九年一月

濱口　晴彦

〈参考文献〉

【第一章】
エミール・デュルケム（田原音和訳）（一九七一）『社会分業論』青木書店
フェルディナンド・テンニエス（杉之原寿一訳）（一九五七）『ゲマインシャフトとゲゼルシャフト』上下二冊、岩波文庫
和辻哲郎（二〇〇七）『倫理学』四冊、岩波文庫
ジョナサン・ターナー（正岡寛司訳）（二〇〇七）『感情の起源』明石書店

【第二章】
マーサ・ファインマン（上野千鶴子監訳）（二〇〇三）『家族、積みすぎた方舟』学陽書房
アンソニー・ギデンズ（秋吉美都・安藤太郎・筒井淳也訳）（二〇〇五）『モダニティと自己アイデンティティ』ハーベスト社
タルコット・パーソンズ、ロバート・ベールズ（橋爪貞雄他訳）（一九八一）『家族』黎明書房
ニクラス・ルーマン（佐藤勉・村中知子訳）（二〇〇五）『情熱としての愛』木鐸社

【第三章】
伍賀一道（一九八八）『現代資本主義と不安定就業問題』御茶の水書房
小杉礼子編（二〇〇五）『フリーターとニート』勁草書房
熊沢誠（二〇〇六）『若者が働くとき』ミネルヴァ書房

Gunderson, M. *Comparable Worth and Gender Discrimination: An International Perspective*, 1994, ILO（杉橋やよい他訳（一九九五）『コンパラブル・ワースとジェンダー差別』産業統計研究社）

長坂寿久（二〇〇〇）『オランダモデル』日本経済新聞社

根本孝（二〇〇二）『ワークシェアリング』ビジネス社

日本労働者協同組合連合会編（一九九九）『二十一世紀への序曲―労働者協同組合の新たな挑戦―』シーアンドシー出版（星雲社発売）

秋山憲治（二〇〇四）『誰のための労働か』学文社

【第四章】

荒井浩道（二〇〇六）「心理―社会的エイジングと老いのナラティヴ」堀薫夫編著『教育老年学の展開』学文社、六〇－七七

永六輔（一九九四年）『大往生』岩波書店

Ferraro, K. F. (1990) "The Gerontological Imagination," Ferraro, K. F. ed., *Gerontology,* Springer, 3-18.

濱口晴彦（二〇〇三ａ）「老若共同参画社会という考え方について」『社会学年誌』四四号、早稲田社会学会、一三五－一四九

濱口晴彦（二〇〇三ｂ）「老若共同参画社会基本法を提案する」『生きがい研究』九号、財団法人長寿社会開発センター、四－一五

国際協力機構シニア海外ボランティアＨＰ（http://www.jica.go.jp/activities/sv/）、2004.

8.30 閲覧）
厚生労働省（二〇〇三）『厚生労働白書（平成一五年版）』ぎょうせい
厚生労働省（二〇〇六）『厚生労働白書（平成一八年版）』ぎょうせい
厚生省（一九八八）『厚生白書（昭和六三年版）』厚生統計協会
厚生省（一九七〇）『厚生白書（昭和四五年版）』大蔵省印刷局
厚生省（二〇〇〇）『厚生白書（平成一二年版）』ぎょうせい
厚生統計協会（二〇〇六）『保険と年金の動向（二〇〇六年）』厚生統計協会
Kropotkin, P. (1902) *Mutual Aid : a Factor of Evolution*, William Heinemann.（＝大杉栄訳（一九一七）『相互扶助論』春陽堂）（＝一九九六、同時代社）
内閣府（二〇〇六）『高齢社会白書（平成一八年版）』ぎょうせい
Smiles, S. (1858) *Self Help : With Illustrations of Character, Conduct, and Perseverance*, John Murray.（＝中村正直訳（一八七〇）『西国立志編』）（＝一九八一年、講談社）（＝竹内均訳（一九八八）『自助論』三笠書房）（＝齋藤孝訳（二〇〇七）『自助論』ビジネス社）
ホールファミリーケア協会（二〇〇四）『傾聴ボランティアのすすめ―聴くことでできる社会貢献』三省堂

【第五章】

星加良司（二〇〇七）『障害とは何か―ディスアビリティの社会理論に向けて』生活書院

岩崎晋也（二〇〇二）「なぜ『自立』社会は援助を必要とするか―援助機能の正当性」古川孝順ほか『援助するということ』有斐閣
河野秀忠（二〇〇七）『障害者市民ものがたり―もうひとつの現代史』生活人新書
楠敏雄編（一九九八）『自立と共生を求めて―障害者からの提言』解放出版社
マイケル・イグナチエフ（添谷育志・金田耕一訳）（一九九九）『ニーズ・オブ・ストレンジャーズ』（原著一九八四年の著書と一九九六年の論文）風行社
中西正司・上野千鶴子（二〇〇三）『当事者主権』岩波新書
岡部耕典（二〇〇六）『障害者自立支援法とケアの自律―パーソナルアシスタンスとダイレクトペイメント』明石書店
杉野昭博（二〇〇七）『障害学―理論形成と射程』東京大学出版会
障害者自立生活セミナー実行委員会編（一九八三）『障害者の自立生活』障害者自立生活セミナー実行委員会
田中耕一郎（二〇〇五）『障害者運動と価値形成―日英の比較から』現代書館
横田弘（一九七九）『障害者殺しの思想』ＪＣＡ出版
横塚晃一（二〇〇七）『母よ！　殺すな』（一九七五年出版の本に、補遺・付録等を追加）生活書院
全国自立生活センター協議会編（二〇〇一）『自立生活運動と障害文化―当事者からの福祉論』現代書館

【第六章】
赤川学（二〇〇六）『構築主義を再構築する』勁草書房
Burr, V. (1995) *An Introduction to Social Constructionism*, Routledge.（＝田中一彦訳（一九九七）『社会的構築主義への招待―言説分析とはなにか―』川島書店）
Butler, J. (1990) "*GENDER TROUBLE Feminism and the Subversion of Identity*," Routledge.（＝竹村和子訳（一九九七）『ジェンダー・トラブル　フェミニズムとアイデンティティの攪乱』青土社）
江原由美子・金井淑子編（一九九七）『ワードマップ　フェミニズム』新曜社
Garfinkel, H. (1967) "Passing and the managed achievement of sex status in an [intersexed] person part 1" an abridged version in Garfinkel, H., *Studies in Ethnomethodology*, Prentice-Hall.（＝山田富秋・好井裕明・山崎敬一訳（一九八七）「アグネス、彼女はいかにして女になり続けたか」『エスノメソドロジー―社会学的思考の解体』せりか書房）
加藤秀一（二〇〇六）『知らないと恥ずかしい　ジェンダー入門』朝日新聞社
竹村和子（二〇〇〇）『思考のフロンティア　フェミニズム』岩波書店
鶴田幸恵（二〇〇四）『性別判断における外見を「見る」仕方』『現代社会理論研究』現代社会理論研究会
【第七章】
ホセルイス・ゴンザレス-バラド編（渡辺和子訳）（二〇〇〇）『マザー・テレサ　愛と祈りのことば』ＰＨＰ文庫

生田武志（二〇〇七）『ルポ最底辺―不安定就労と野宿』ちくま新書
岩田正美（二〇〇〇）『ホームレス／現代社会／福祉国家―「生きていく場所」をめぐって』明石書店
アブラハム・マズロー（小口忠彦訳）（一九八七）『人間性の心理学―モチベーションとパーソナリティ』産業能率大学出版部
水島宏明（二〇〇七）『ネットカフェ難民と貧困ニッポン』日テレノンフィクション1
麦倉哲（二〇〇六）『ホームレス自立支援システムの研究』第一書林
笹沼弘志（二〇〇八）『ホームレスと自立／排除―路上に〈幸福を夢見る権利〉はあるか』大月書店
山崎克明・稲月正・森松長生・奥田知志（二〇〇六）『ホームレス自立支援―NPO・市民・行政協働による「ホームの回復」』明石書店

早稲田社会学ブックレット出版企画について

社会主義思想を背景に社会再組織化を目指す学問の場として一九〇三年に結成された早稲田社会学会は、戦時統制下で衰退を余儀なくされる。戦後日本の復興期に新たに自由な気風のもとで「早大社会学会」が設立され、戦後日本社会学の発展に貢献すべく希望をもってその活動を開始した。爾来、同学会は、戦後の急激な社会変動を経験するなかで、地道な実証研究、社会学理論研究の両面において、早稲田大学をはじめ多くの大学で活躍する社会学者を多数輩出してきた。一九九〇年に、門戸を広げるべく、改めて「早稲田社会学会」という名称のもとに再組織されるが、その歴史は戦後に限定しても優に半世紀を超える。

新世紀に入りほぼ十年を迎えようとする今日、社会の液状化、個人化、グローバリゼーションなど、社会の存立条件や社会学それ自体の枠組みについての根底からの問い直しを迫る事態が生じている一方、地道なデータ収集と分析に基づきつつ豊かな社会学的想像力を必要とする理論化作業、社会問題へのより実践的なかかわりへの要請も強まっている。早稲田社会学ブックレットは、意欲的な取り組みを続ける早稲田社会学会の会員が中心となり、以上のような今日の社会学の現状と背景を見据え、「社会学のポテンシャル」「現代社会学のトピックス」「社会調査のリテラシー」の三つを柱として、今日の社会学についての斬新な観点を提示しつつ、社会学的なものの見方と研究方法、今後の課題などについて実践的な視点からわかりやすく解説することを目指すシリーズとして企画された。多くの大学生、行政、一般の人びとに広く読んでいただけるものとなることを念じている。

二〇〇八年二月一〇日

早稲田社会学ブックレット編集委員会

著者略歴

濱口晴彦（はまぐち　はるひこ）　1章、8章
一九三三年石川県門前町生まれ。
現職：創造学園大学教授、早稲田大学名誉教授　一九五八年早稲田大学文学部社会学専攻卒業、同大学院修了、文学博士
専攻：フランス社会学、高齢社会論
主な著書
『社会運動の組織化』早大出版部　一九八〇、『生きがいさがし：大衆長寿時代のジレンマ』ミネルヴァ書房　一九九四、『社会学者の肖像：甦るエミール・デュルケム』勁草書房　一九八九、など

木戸功（きど　いさお）　2章
一九六八年神奈川県生まれ。
現職：札幌学院大学人文学部准教授　一九九二年早稲田大学社会科学部卒業、一九九七年同大学大学院人間科学研究科修了、博士（人間科学）、
専攻：家族社会学
主な著書
『社会学的まなざし』新泉社　二〇〇二、『エイジングと日常生活』コロナ社　二〇〇三、など（いずれも共著）

秋山憲治（あきやま　けんじ）　3章
一九五六年千葉県柏市生まれ。
現職：静岡理工科大学総合情報学部教授、一九七九年早稲田大学文学部社会学専攻卒業、一九八六年同大学院文学研究科（社会学専攻）修了、博士（人間科学）
専攻：職業・労働社会学、生活構造論
主な著書
『男女共生の社会学』（共編著）学文社　二〇〇三、『誰のための労働か』（単著）学文社、二〇〇四など

荒井浩道（あらい　ひろみち）　4章
一九七三年群馬県生まれ。
現職：駒澤大学准教授　一九九六年早稲田大学人間科学部卒業、二〇〇二年同大学院人間科学研究科修了、博士（人間科学）、社会福祉士。
専攻：社会福祉学、ソーシャルワーク論。
主な著書
『市町村合併と地域福祉』ミネルヴァ書房、二〇〇七、『〈支援〉の社会学』青弓社、二〇〇八、『家族福祉論』ミネルヴァ書房、二〇〇八（いずれも共著）など

藤井達也（ふじい　たつや）　5章
一九五二年京都市生まれ。
現職：上智大学教授　早稲田大学文学部社会学専攻卒業、同大学院文学研究科（社会学専攻）修了：精神保健ソーシャルワーク研究
主な著書
『精神障害者生活支援研究』学文社　二〇〇四、『ともに生きる歩み』やどかり出版　二〇〇四、など

志田哲之（しだ　てつゆき）　6章
一九七一年埼玉県生まれ。
現職：神奈川大学、跡見学園女子大学非常勤講師　一九九四年早稲田大学人間科学部卒業、同大学院（人間科学研究科）修了、博士（人間科学）
専攻：セクシュアリティの社会学、家族社会学
主な著書
関修・志田哲之編『挑発するセクシュアリティ―法・社会・思想へのアプローチ』新泉社　二〇〇九、など

麦倉哲（むぎくら　てつ）　7章
一九五五年群馬県太田市生まれ。
現職：早稲田大学地域社会と危機管理研究所客員研究員、早稲田大学政治経済学部卒業、同大学大学院文学研究科（社会学専攻）修了、博士（人間科学）
専攻：都市問題、社会病理学、ホームレス自立支援、福祉のまちづくり
主な著書
『ホームレス自立支援システムの研究』第一書林、二〇〇六年、共著に『移民国家日本と多文化共生論』明石書店　二〇〇八、『男性史3「男らしさ」の現代史』日本経済評論社、二〇〇六、『差別と環境問題の社会学』新曜社　二〇〇三、など